일 본 어 능 력 시 험

딱! 한 권

JLPT
N4 청해

저자 JLPT연구모임

일 본 어 능 력 시 험

JLPT
N4 청해

초판인쇄	2021년 6월 2일
초판발행	2021년 6월 12일
저자	JLPT연구모임
책임 편집	조은형, 무라야마 토시오, 박현숙, 손영은, 김성은
펴낸이	엄태상
해설진	한고운, 김수빈
디자인	권진희
조판	이서영
콘텐츠 제작	김선웅, 김현이
마케팅	이승욱, 전한나, 왕성석, 노원준, 조인선, 조성민
경영기획	마정인, 조성근, 최성훈, 정다운, 김다미, 오희연
물류	정종진, 윤덕현, 양희은, 신승진
펴낸곳	시사일본어사(시사북스)
주소	서울시 종로구 자하문로 300 시사빌딩
주문 및 교재 문의	1588-1582
팩스	0502-989-9592
홈페이지	www.sisabooks.com
이메일	book_japanese@sisadream.com
등록일자	1977년 12월 24일
등록번호	제 300-1977-31호

ISBN 978-89-402-9328-7 (13730)

　일본어능력시험은 N4와 N5에서는 주로 교실 내에서 배우는 기본적인 일본어를 어느 정도 이해할 수 있는 레벨인가를 측정하며, N1과 N2에서는 폭넓은 분야에서 일본어를 어느 정도 이해할 수 있는지, N3는 N1, N2와 N4, N5의 가교 역할을 하며 일상적인 장면에서 사용되는 일본어의 이해를 측정합니다. 일본어능력시험 레벨 인정의 목표는 '읽기', '듣기'와 같은 언어행동의 표현입니다. 언어행동을 표현하기 위해서는 문자·어휘·문법 등의 언어지식도 필요합니다. 즉, 어휘나 한자, 문법 항목의 무조건적인 암기가 아니라, 어휘나 한자, 문법 항목을 커뮤니케이션 수단으로서 실제로 활용할 수 있는가를 측정하는 것이 목표입니다.

　본 교재는 新일본어능력시험 개정안에 따라 2010년부터 최근까지 새롭게 출제된 기출문제를 철저히 분석하여, 일본어 능력시험 초심자를 위한 상세한 설명과 다량의 확인문제를 수록하고, 중·고급 학습자들을 위해 난이도 있는 실전문제를 다루었습니다. 또한 혼자서도 충분히 합격할 수 있도록, 상세한 해설을 첨부하였습니다. 시중에 일본어능력시험 수험서는 많이 있지만, 학습자들이 원하는 부분을 콕 집어 효율적인 학습을 할 수 있는 교재는 그다지 많지 않습니다.

　이러한 점을 고려하여 본 JLPT연구모임에서는 수년간의 분석을 통해 적중률과 난이도를 연구하여, 일본어능력시험을 준비하는 학습자가 이 책 한 권이면 충분하다고 느낄 정도의 내용과 문제를 실었습니다. 한 문제 한 문제 꼼꼼하게 풀어 보시고, 일본어능력시험에 꼭 합격하시기를 진심으로 기원합니다.

JLPT연구모임

① 교시 언어지식(문자·어휘·문법)/독해

문자·어휘

출제 빈도순 어휘 ➡ 기출어휘 ➡ 확인문제

1교시 문자·어휘 파트에서는 문제 유형별 출제 빈도순으로 1순위부터 3순위까지 정리하여 어휘를 제시한다. 가장 많이 출제되고 있는 1자 한자부터, 동작성 명사, 형용사, 동사, 닮은꼴 한자, 명사순으로 어휘를 학습한 후, 확인문제를 풀어보면서 확인하고, 확인문제를 학습 후에는 실전문제를 풀면서 총정리를 한다. 각 유형별로 제시한 어휘에는 최근 출제되었던 단어를 표기해 놓았다.

 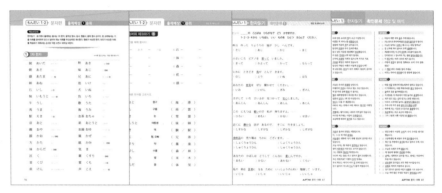

문법

기초문법 ➡ 필수문법 ➡ 확인문제

N4 필수 문법과 경어를 학습하고 확인 문제를 차근차근 풀며 체크할 수 있도록 다량의 문제를 실어 놓았으며, 처음 시작하는 초보자를 위해 시험에 자주 등장하는 기초문법을 수록해 놓았다. 확인문제까지 학습한 뒤에는 난이도 있는 문제를 풀며 실전에 대비할 수 있도록 했다.

 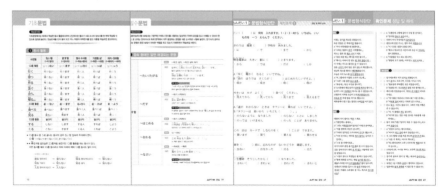

독해

독해의 비결 ➡ 영역별 확인문제

이제 더 이상 문자·어휘·문법에만 집중해서는 안 된다. 과목별 과락이라는 제도가 생기면서, 독해와 청해의 비중이 높아졌기 때문에 모든 영역을 균형있게 학습해야 한다. 본 교재에서는 독해의 비결을 통해, 글을 분석할 수 있는 노하우를 담았다. 문제만 많이 푼다고 해서 점수가 잘 나오는 것이 아니므로, 원리를 잘 파악해 보자.

❷ 교시 청해

청해의 비결 ➡ 영역별 확인문제

독해와 함께 청해의 비중도 높아졌으며, 단어 하나하나의 의미를 꼼꼼히 듣는 문제보다는 상담·준비·설명·소개·코멘트·의뢰·허가 등 어떤 주제로 회화가 이루어지는지, 또한 칭찬·격려·질책·변명·걱정 등 어떤 장면인지를 파악해야 하는 문제들이 출제되고 있다. 이에 본 교재는 다양한 주제를 접할 수 있도록 구성하였다.

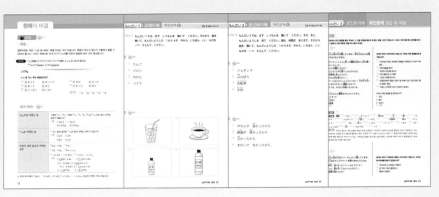

💡 실전모의테스트 3회분 (영역별 2회분 + 온라인 종합 1회분)

질로 승부한다!

JLPT연구모임에서는 몇 년 동안 완벽한 분석을 통해 적중률과 난이도를 조정하여, 실전모의테스트를 제작하였다. 혼자서도 공부할 수 있도록 자세한 해설을 수록해 놓았다.

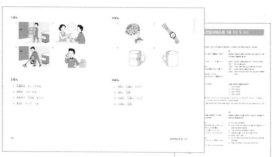

💡 무료 동영상 해설 강의

1타 강사들의 명쾌한 실전모의테스트 해설 특강!!

언제 어디서나 꼼꼼하게 능력시험을 대비할 수 있도록 동영상 강의를 제작하였다. 질 좋은 문제와 명쾌한 해설로 실전에 대비하길 바란다.

차례

청해

실전모의테스트

❶ 시험과목과 시험시간

레벨	시험과목 (시험시간)		
N1	언어지식 (문자 · 어휘 · 문법) · 독해 (110분)		청해 (60분)
N2	언어지식 (문자 · 어휘 · 문법) · 독해 (105분)		청해 (50분)
N3	언어지식 (문자 · 어휘) (30분)	언어지식 (문법) · 독해 (70분)	청해 (45분)
N4	언어지식 (문자 · 어휘) (25분)	언어지식 (문법) · 독해 (55분)	청해 (40분)
N5	언어지식 (문자 · 어휘) (20분)	언어지식 (문법) · 독해 (40분)	청해 (35분)

❷ 시험점수

레벨	배점구분	득점범위
N1	언어지식(문자 · 어휘 · 문법)	0~60
	독해	0~60
	청해	0~60
	종합배점	0~180
N2	언어지식(문자 · 어휘 · 문법)	0~60
	독해	0~60
	청해	0~60
	종합배점	0~180
N3	언어지식(문자 · 어휘 · 문법)	0~60
	독해	0~60
	청해	0~60
	종합배점	0~180
N4	언어지식(문자 · 어휘 · 문법) · 독해	0~120
	청해	0~60
	종합배점	0~180
N5	언어지식(문자 · 어휘 · 문법) · 독해	0~120
	청해	0~60
	종합배점	0~180

❸ 합격점과 합격 기준점

N4의 합격점은 90점이며, 과목별 합격 기준점은 언어지식 · 독해 38점, 청해 19점입니다.

❹ 문제유형

Ⅰ. 언어지식(문자·어휘·문법) Ⅱ. 독해 Ⅲ. 청해

시험과목		큰 문제	예상 문항 수	문제 내용	적정 예상 풀이 시간	파트별 소요 예상 시간	대책
언어 지식 (25분)	문자·어휘	문제 1	9	한자 읽기 문제	3분	문자·어휘 15분	문자·어휘 파트의 시험시간은 25분으로 문제 푸는 시간을 15분 정도로 생각하면 시간은 충분하다. 나머지 10분 동안 마킹과 점검을 하면 된다.
		문제 2	6	한자 쓰기 문제	3분		
		문제 3	10	문맥에 맞는 적절한 어휘 고르는 문제	6분		
		문제 4	5	주어진 어휘와 비슷한 의미의 어휘를 찾는 문제	3분		
		문제 5	5	제시된 어휘의 의미가 올바르게 쓰였는지를 묻는 문제	5분		
언어 지식 · 독해 (55분)	문법	문제 1	15	문장의 내용에 맞는 문형표현 즉 기능어를 찾아서 넣는 문제	6분	문법 18분	총 55분 중에서 문제 푸는 시간 45분, 나머지 10분 동안 마킹과 마지막 점검을 하면 된다.
		문제 2	5	나열된 단어를 의미에 맞게 조합하는 문제	5분		
		문제 3	5	글의 흐름에 맞는 문법 찾아내기 문제	7분		
	독해	문제 4	4	단문(100~200자 정도) 이해	10분	독해 27분	
		문제 5	4	중문(450자 정도) 이해	10분		
		문제 6	2	400자 정도의 글을 읽고 필요한 정보 찾기	7분		
청해 (40분)		문제 1	8	과제 해결에 필요한 정보를 듣고 나서 무엇을 해야 하는지 찾아내기	약 12분 (한 문항당 약 1분 30초)		총 40분 중에서 문제 푸는 시간은 대략 35분 될 것으로 예상한다. 나머지 시간은 질문 읽는 시간과 문제 설명이 될 것으로 예상한다. 마킹할 시간이 따로 주어지지 않기 때문에 반드시 마킹을 하면서 듣기 문제를 풀어야 한다.
		문제 2	7	대화나 혼자 말하는 내용을 듣고 포인트 파악하기	약 13분 25초 (한 문항당 약 1분 55초)		
		문제 3	5	그림을 보면서 상황 설명을 듣고 화살표가 가리키는 인물의 대답 찾기	약 2분 40초 (한 문항당 약 40초)		
		문제 5	8	짧은 문장을 듣고 그에 맞는 적절한 응답 찾기	약 4분 30초 (한 문항당 약 30초)		

문법 접속 활용표

〈활용형과 품사의 기호〉

활용형과 품사의 기호	예
명사	雪
동사 사전형	持つ・見る・する・来る
동사 ます형	持ちます・見ます・します・来ます
동사 ない형	持たない・見ない・しない・来ない
동사 て형	持って・見て・して・来て
동사 た형	持った・見た・した・来た
동사 의지형	持とう・見よう・しよう・来よう
동사 가정형	持てば・見れば・すれば・来れば
동사 명령형	持て・見ろ・しろ・来い
イ형용사 사전형	暑い
イ형용사 어간	暑い
イ형용사 て형	暑くて
ナ형용사 사전형	丈夫だ
ナ형용사 어간	丈夫だ
ナ형용사 て형	丈夫で
する동사의 명사형	散歩・運動・料理 등 [する]를 뒤에 붙일 수 있는 명사

〈접속방법 표시 예〉

[보통형]

동사	聞く	聞かない	聞いた	聞かなかった
イ형용사	暑い	暑くない	暑かった	暑くなかった
ナ형용사	上手だ	上手ではない	上手だった	上手ではなかった
명사	学生だ	学生ではない	学生だった	学生ではなかった

[명사수식형]

동사	聞く	聞かない	聞いた	聞かなかった
イ형용사	暑い	暑くない	暑かった	暑くなかった
ナ형용사	上手な	上手ではない	上手だった	上手ではなかった
명사	学生の	学生ではない	学生だった	学生ではなかった

JLPT

N4

聴解

● 청해의 비결

청해의 비결

1 발음 1

촉음

일본어에는 작은 「っ」로 표시하는 '촉음'이라는 것이 있습니다. 촉음이 있는지 없는지 구별해서 들을 수 있어야 합니다. 그러기 위해서는 먼저 자기가 소리를 내면서 발음해 보는 것이 중요합니다.

포인트 「っ」 뒤에는 カ·サ·タ·パ·キャ·シャ·チャ행(k, s, t, p, sh, ch) 만 옵니다.

　예　かっこう (kakko), ぐっすり (gussuri)

연습

a, b 중 어느 쪽의 발음일까요?

(1) ⓐ かこう　　ⓑ かっこう　　　(2) ⓐ ぶか　　ⓑ ぶっか

(3) ⓐ きって　　ⓑ きて　　　　　(4) ⓐ おっと　　ⓑ おと

(5) ⓐ いっさい　ⓑ いさい

정답　(1) ⓐ　(2) ⓑ　(3) ⓑ　(4) ⓐ　(5) ⓑ

음의 변화 2

「ん」으로 바뀌는 음	ナ행의 「に」 「の」, ラ행의 「ら」 「り」 「る」 「れ」는 「ん」으로 음이 바뀌는 경우가 많습니다. 예　いち<u>に</u>ち → いち<u>ん</u>ち 　　 そんなも<u>の</u> → そんなも<u>ん</u>
「っ」로 바뀌는 음	「～か」 앞의 글자는 「っ」로 음이 바뀌는 경우가 있습니다. 예　ど<u>こ</u>か → ど<u>っ</u>か 　　 そ<u>う</u>か → そ<u>っ</u>か
요음이 섞인 음으로 바뀌는 경우	「れは·れば」→「りゃ」 「ては·では」→「ちゃ·じゃ」 「～てしまう·～でしまう」→「～ちゃう·～じゃう」 예　これはないよね。 → こ<u>りゃ</u>ないよね。 　　 今日、かさ持ってく<u>れば</u>よかった。 　　 → 今日、かさ持ってく<u>りゃ</u>よかった。 　　 入っ<u>ては</u>だめ。 → 入っ<u>ちゃ</u>だめ。

※ 위의 예 외에도 「やはり → やっぱり·やっぱ」 「～じゃない → ～じゃん」 과 같이 바뀌는 것도 있습니다.

모음(a, i, u, e, o)의 생략과 연음화 3

발음하기 쉽게 바뀐 구어체입니다.

모음 생략	「〜ている」「〜ていく」의 「い」, 「もう」의 「う」는 생략되는 경우가 있습니다.
	예 今、持っていくから。→ 今、持ってくから。 もう少し、待っていてくれる？ → も少し、待っててくれる？
모음의 연음화	タ행 다음에 모음이 올 경우, T음과 다음 모음만 발음하고, 중간의 모음은 생략하는 경우가 있습니다.
	예 うちに電話しておいてね。→ うちに電話しといてね。 電話しておいてあげるよ。→ 電話しといたげるよ。

모음의 무성화 4

모음의 무성화는 「キ・ク・シ・ス・チ・ツ・ヒ・フ・ピ・プ・シュ」 등의 음이 カ행·サ행·タ행·ハ행·パ행·キャ행·シャ행·チャ행·ヒャ행·ピャ행 및 「ッ」 앞에 왔을 때 일어나는 경우가 많습니다(여기서는 무성음을 ◯로 표시합니다).

「キ・シ・チ・ヒ・ピ」 모음의 무성화	예 支度(シタク) 준비 比較(ヒカク) 비교
「ク・ス・ツ・フ・プ」 모음의 무성화	예 不都合（フツゴー）불편함 直接（チョクセツ）직접
「シュ」모음의 무성화	예 出演（シュツエン） 출연 縮小（シュクショー）축소

※ 뒤의 음에 영향을 받아서 앞의 음(밑줄 친 부분)이 무음이 됩니다.

포인트 이 외에도, 문장 속에서 뒤의 음에 영향을 받아서 모음이 없어지기도 합니다. 「手術した (シュジュツシタ)」 → 「手術した (シュジュツシタ)」와 같이 모음의 무성화가 일어납니다.

청해의 비결

비슷한 음 ◎ 5

일본어에는 발음이 비슷하기 때문에 듣고 구별하기가 힘든 음이 있습니다.

청음과 탁음	일본어에는 「ﾞ」이 붙는 탁음과 아무것도 붙지 않는 청음이 있습니다. 반복해 들으면서 귀에 익숙해지도록 합시다. 예 また・まだ 　　　天気(テンキ)날씨　・電気(デンキ)전등 　　　学校(ガッコー)학교・格好(カッコー)모습 　　　韓国(カンコク)한국・監獄(カンゴク)감옥
ガ행음과 비탁음	조사 「が」 및 어두에 오지 않는 「ガ」음은 콧소리 비슷하게 나는 비탁음(「ンア」에 가까운 음)으로 발음됩니다(여기서는 「ガ°」로 표기합니다). 예 私がやります。(ワタシガ° ヤリマス) 　　　中学校(チュウガ° ッコー)
「ン」음	「ン」은 뒤에 오는 음에 따라서 여러 가지 음으로 변화하는데, 특히 뒤에 모음이 왔을 때의 음에 주의합시다. 예 単位(タンイ) 　　　負担を(フタンヲ)
「ザ・ズ・ゾ」와 「ジャ・ジュ・ジョ」의 음	한국인 학습자가 구별하기 힘든 발음이므로 잘 듣고 큰 소리로 반복해서 따라 해 봅시다. 예 情勢(ジョーセー)・造成(ゾーセー) 　　　ジャージャー(물이 나오는 소리)・ザーザー(비가 내리는 소리)

다음에 정리해 놓은 표현은 들으면 들을수록 청해 문제가 쉬워지는 표현입니다. 청해 문제뿐만 아니라 독해에도 자주 나오는 표현이므로 외워 두면 유용하게 쓸 수 있습니다. 확실하게 기억해 둡시다.

約束・時間　약속·시간　◎ 6

空く	비다, (자리가) 비다	見送りに行く	배웅 가다
急ぐ	서두르다	道が込む	길이 막히다
遅くなる	늦어지다	道に迷う	길을 잃다, 헤매다
遅めに	조금 늦게	迎えに行く	마중 가다
事故	사고	約束	약속
出発する	출발하다	予定	예정
過ぎ	지남	寄る	들르다
到着する	도착하다	留守電(留守番電話)	자동응답전화
場所	장소	連絡する	연락하다
早めに	조금 이르게	休み	휴일

学校・勉強　학교·공부　◎ 7

会話	회화	発音	발음
学校	학교	復習	복습
漢字	한자	文法	문법
教科書	교과서	質問	질문
教室	교실	宿題	숙제

クラスメート	반 친구	じょうきゅう 上級	상급
クラブ	클럽	しょきゅう 初級	초급
こうはい 後輩	후배	スピーチ	스피치, 연설
こた 答え	답	せんせい 先生	선생님
テキスト	교재	せんぱい 先輩	선배
テスト	시험	たいいくかん 体育館	체육관
とくい 得意だ	숙달되다, 잘하다	ちこく 遅刻	지각
としょかん 図書館	도서관	ちゅうきゅう 中級	중급
なつやす 夏休み	여름방학	れんしゅう 練習	연습
にがて 苦手だ	서툴다, 잘하지 못하다	ろうか	복도

だいがく 大学	대학	◎ 8

あつ 集める	모으다	ていしゅつ 提出する	제출하다
アルバイト	아르바이트	テーマ	테마, 주제
き 決まる	정해지다, 결정되다	はっぴょう 発表する	발표하다
き 決める	정하다, 결정하다	まとめる	합치다, 정리하다
けっせき 欠席	결석	やくそく 約束する	약속하다
しゅっせき 出席	출석	りゆう 理由	이유
しりょう 資料	자료	レポート	리포트

会社 　会사 ◎9

かいしゃ

会議	회의	連絡する	연락하다
会議室	회의실	予定	예정
確認する	확인하다	出張	출장
課長	과장(님)	調べる	조사하다
キャンセル	캔슬, 취소	注文する	주문하다
記録	기록	伝える	알리다, 전달하다
社長	사장(님)	部長	부장(님)
集中する	집중하다	増やす	늘리다
減らす	줄이다	プロジェクト	프로젝트
変更する	변경하다	プレゼン (プレゼンテーション)	프레젠테이션

IT 　IT ◎10

Eメール	이메일	チャット	채팅
ワイファイ (wifi)	와이파이	電波	전파
インターネット	인터넷	入力	입력
検索	검색	ネット通販	인터넷 통신판매
コンピューター	컴퓨터	パソコン	(퍼스널) 컴퓨터
スマホ/スマートフォン	스마트폰	ブログ	블로그

청해의 비결

申し込み　신청　◎ 11

もう こ 申し込み	접수(처)	ばいてん 売店	매점
カード	카드	はら 払う	돈을 치르다, 지불하다
かいいん 会員・メンバー	회원	ひつよう 必要だ	필요하다
サービス	서비스	み ぶんしょうめいしょ 身分証明書	신분증
し はら 支払い	지불, 지급	もう こ 申し込む	신청하다
しょるい 書類	서류	り よう 利用する	이용하다
しょく じ だい 食事代	식사 대금	ロッカー	로커
てんいん 店員	점원	わりびき 割引	할인

受付 = 접수(처)

準備　준비　◎ 12

アイディア	아이디어	よ やく い 予約を入れる	예약을 하다
あんない 案内する	안내하다	セミナー	세미나
かいじょう 会場	회장, 집회 장소	そうだん 相談する	상담하다
かんが 考える	생각하다	チラシ	전단, 광고지
くば 配る	나누어 주다, 배부하다	て つだ 手伝う	돕다
けんきゅうかい 研究会	연구회	にんずう 人数	인원수
しょるい 書類	서류	パンフレット	팸플릿

調_{しら}べる	조사하다	引_ひっ越_こし	이사
セットする	(도구,기계 등을) 설치하다	必要_{ひつよう}だ	필요하다
準備_{じゅんび}する	준비하다	ポスター	포스터
予約_{よやく}する	예약하다	用意_{ようい}する	준비하다

ペット　　애완동물　◎13

えさをやる	먹이를 주다	連_つれて行_いく	데리고 가다
飼_かう	기르다	面倒_{めんどう}くさい	몹시 귀찮다
かむ	물다	面倒_{めんどう}をみる	돌봐 주다
世話_{せわ}をする	돌보다	留守_{るす}にする	(집을) 비우다

天気_{てんき}　　날씨　◎14

雨_{あめ}が降_ふる	비가 내리다	梅雨_{つゆ}	장마
大雨_{おおあめ}	큰비	天気予報_{てんきよほう}	일기예보
風_{かぜ}が吹_ふく	바람이 불다	晴_はれ	맑음
気温_{きおん}	기온	むし暑_{あつ}い	무덥다
雲_{くも}	구름	雪_{ゆき}	눈
くもり	흐림		

청해의 비결

病気・けが　질병・상처 ◎ 15

アレルギー	알레르기	せきが出る	기침이 나다
お大事に	몸조심하세요	体調	컨디션
お風呂	목욕(탕)	倒れる	쓰러지다, 넘어지다
顔色が悪い/よい	안색이 나쁘다/ 좋다	調子が悪い/よい	컨디션이 나쁘다/ 좋다
風邪が治る	감기가 낫다	入院する	입원하다
風邪をひく	감기에 걸리다	熱が下がる	열이 내리다
気をつける	조심하다, 주의하다	熱が出る	열이 나다
具合いが悪い/よい	(몸)상태가 안 좋다/ 좋다	吐き気	구토증, 구역질
くしゃみ	재채기	鼻水	콧물
薬をぬる	약을 바르다	病院	병원
薬を飲む	약을 먹다	不便だ	불편하다
けがをする	다치다	べんぴ	변비
げり	설사	骨を折る	골절되다
食欲	식욕	無理しないで	무리하지 말고

性格・人物・感情　성격・인물・감정 ◎ 16

頭がいい	머리가 좋다	消極的だ	소극적이다
あまい	무르다	しんせつだ	친절하다

うれしい	기쁘다	積極的だ せっきょくてき	적극적이다
おとなしい	얌전하다	楽しい たの	즐겁다
おどろく	놀라다	つらい	괴롭다
かっこいい	멋지다	涙が出る なみだ　で	눈물이 나다
かなしい	슬프다	恥ずかしがり屋 は　　　　　　や	수줍어하는 사람
きびしい	엄격하다	びっくりする	깜짝 놀라다
こわい	무섭다	まじめだ	성실하다
さびしい	외롭다	やさしい	친절하다, 상냥하다
寂しがり屋 さび　　　　や	외로움을 타는 사람	わがままだ	버릇없다, 제멋대로 굴다

スポーツ・運動 _{うんどう}　스포츠 · 운동　🔘 17

ウォーキング	워킹	卓球・ピンポン たっきゅう	탁구
勝つ か	이기다	チーム	팀
健康 けんこう	건강	続ける つづ	계속하다
効果がある こう　か	효과가 있다	強い つよ	강하다
コーチ	코치	テニス	테니스
コート	코트	バスケットボール	농구
サイクリング	사이클링, 자전거 타기	バレーボール	배구
試合 し　あい	시합	プール	풀

習慣 しゅうかん	습관	ボール	공
ジョギング	조깅	負ける ま	지다
水泳 すいえい	수영	メンバー	멤버
スキー	스키	山登り やまのぼ	등산
1対2 たい	1대2	弱い よわ	약하다

| 旅行・趣味
りょこう　しゅみ | 여행 · 취미 ◎ 18 |

映画 えいが	영화	チケット	티켓
往復 おうふく	왕복	読書 どくしょ	독서
音楽 おんがく	음악	ドライブ	드라이브
温泉 おんせん	온천	ハイキング	하이킹
片道 かたみち	편도	日帰り ひがえ	당일치기
観光 かんこう	관광	飛行機 ひこうき	비행기
空港 くうこう	공항	ホテル	호텔
写真 しゃしん	사진	旅館 りょかん	여관

| 料理
りょうり | 요리 ◎ 19 |

揚げる あ	튀기다	なべ	냄비
油 あぶら	기름	生 なま	생. 날것

キッチン	키친	日本料理	일본 요리
牛肉	소고기	煮る	끓이다
魚	생선	にんじん	당근
じゃがいも	감자	ねぎ	파
食後	식후	ぶた肉	돼지고기
食前	식전	フライパン	프라이팬
台所	부엌	包丁	부엌칼
たまねぎ	양파	焼く	굽다
作る	만들다	野菜	채소
とり肉	닭고기	レストラン	레스토랑

ごみ　쓰레기　⊚ 20

かん	캔	びん	병
キャップ	캡	プラスチック	플라스틱
ごみ置き場	쓰레기장	ペットボトル	페트병
ごみ袋	쓰레기봉투	燃えないごみ	타지 않는 쓰레기
ごみを出す	쓰레기를 버리다	燃えるごみ	타는 쓰레기
資源ごみ	재활용 쓰레기	リサイクル	리사이클, 재활용

❸ 즉시응답에 자주 나오는 표현 21

즉시응답에 나올 수 있는 문제와 그에 대한 다양한 대답을 정리해 놓았습니다.

＊ A는 질문, B는 그에 대한 대답으로 두세 가지 예를 든 것입니다.

A : ① つまらないものですが。 별거 아니지만.

　　② ほんの気持ちですが。 그저 제 성의입니다만.

B : まあ、ありがとうございます。 와〜. 감사합니다.

　　※ 선물할 때 사용하는 표현이다.

A : ① お待たせしました。 오래 기다리셨습니다.

　　② お待たせしてすみません。 기다리게 해서 죄송합니다.

　　③ お待たせして申し訳ありません。 기다리게 해서 정말 죄송합니다.

B : いえ、わたしも今きたところですよ。 아니에요. 저도 지금 막 왔습니다.

　　※ 상대를 기다리게 했을 때, 감사와 사죄의 마음을 담아서 하는 말이다.

A : お先に失礼します。 먼저 실례하겠습니다.

B : ① お疲れ様でした。 수고하셨습니다.

　　② お疲れ様。 수고했어요.

　　※ (회사 등에서) 상대보다 먼저 돌아갈 때 하는 인사말이다.

A : お世話になりました。 신세 많이 졌습니다.

B : どうぞお元気で。 부디 건강하세요.

　　※ 헤어질 때 지금까지 상대가 해 주었던 것에 대한 감사를 표하는 말이다.

A : 妹さん、お元気ですか。 여동생은 잘 지내나요?

B : ① おかげさまで。 덕분에요.

　　② 元気にしています。 잘 지내요.

　　※「おかげさまで」는 상대방의 호의나 친절에 감사를 표하는 말로, 안부를 묻는 말에 답할 때에 쓴다.

A：お茶でもいかがですか。 차라도 마시는 게 어때요?

B：① いただきます。 잘 마시겠습니다.

　　② 結構です。 괜찮아요.

　　③ お構いなく。 신경 쓰지 마세요.

　　※「いかがですか」는 상대방의 상태나 의향을 묻는 표현이다. 구어 표현으로는 「どう(ですか)」이고, 「結構です」는 '이미 충분하다'라는 의미로, 누가 무언가를 권했지만 거절할 때 사용한다. 「お構いなく」는 '저는 신경 쓰지 마세요.'라는 뜻이다.

A：ちょっとこの問題教えてほしいんだけど。 잠깐 이 문제 가르쳐 줄래?

B：① いいよ。どれ。 좋아. 뭔데?

　　② 今忙しいからあとでね。 지금 바쁘니까 나중에.

　　③ これから出かけるんだ。ごめんね。 지금 외출해. 미안.

　　※「～てほしいんだけど」'～해 줘'라는 뜻이다.

A：こんな時間。急がなくちゃ。 벌써 시간이. 서둘러야 해.

B：① まだ大丈夫だよ。 아직 괜찮아.

　　② タクシーに乗ったら。 택시 타.

　　※「～なくちゃ」는「～なくては」의 축약형으로 뒤에「ならない」가 생략 됨 →「～なくてはならない」

A：① これ見てもいい？ 이거 봐도 괜찮아?

　　② もらってもいいですか。 받아도 될까요?

　　③ 入ってもよろしいですか。 들어가도 되나요?

B：① どうぞ。 그렇게 하세요.

　　② いいよ。 좋아.

　　③ いいですよ。 좋습니다.

　　※「～てもいいですか」는 상대방의 허가를 얻을 때 사용하는 표현이다.

청해의 비결

❹ 수수표현·사역표현과 경어 22

보통체

① ～てくれる？ ～てくれない？	④ ～てもらえる？ ～てもらえない？	⑦ ～(さ)せてくれる？ ～(さ)せてくれない？	⑩ ～(さ)せてもらえる？ ～(さ)せてもらえない？
② ～てくれますか ～てくれませんか	⑤ ～てもらえますか ～てもらえませんか	⑧ ～(さ)せてくれますか ～(さ)せてくれませんか	⑪ ～(さ)せてもらえますか ～(さ)せてもらえませんか
③ ～てくださいますか ～てくださいませんか	⑥ ～ていただけますか ～ていただけませんか	⑨ ～(さ)せてくださいますか ～(さ)せてくださいませんか	⑫ ～(さ)せていただけますか ～(さ)せていただけませんか

정중체

▶소리를 내어 읽어 봅시다.

1	ちょっとこっちに来てくれる（くれない）？	잠깐 이쪽으로 와 줄래?
2	彼女に聞いてみてくれますか（くれませんか）。	그녀에게 물어봐 주겠습니까?
3	メールで送ってくださいますか（くださいませんか）。	메일로 보내 주시겠습니까?
4	これ、会議室に持って行ってもらえる（もらえない）？	이거, 회의실에 가져다 줄래?
5	荷物を運ぶの手伝ってもらえますか（もらえませんか）。	짐 옮기는 것 도와 주시겠습니까?
6	日本語を教えていただけますか（いただけませんか）。	일본어를 가르쳐 주시겠습니까?
7	その書類、コピーさせてくれる（くれない）？	그 서류 복사해도 될까?
8	お話を聞かせてくれますか（くれませんか）。	이야기를 들려 주겠습니까?
9	授業を見学させてくださいますか（くださいませんか）。	수업을 견학시켜 주시겠습니까?
10	このパソコン使わせてもらえる（もらえない）？	이 컴퓨터 써도 될까?
11	写真を見せてもらえますか（もらえませんか）？	사진을 보여주시겠습니까?
12	少し考えさせていただけますか（いただけませんか）。	조금 생각하게 해 주시겠습니까?

もんだい 1 ▶ 과제이해

과제 해결에 필요한 정보를 듣고, 무엇을 해야 하는지 찾는 문제이다.

상황 설명과 문제를 듣는다 ➡ 본문 대화를 듣는다 ➡

다시 한 번 문제를 듣는다 ➡ 문제지에 인쇄된 선택지나 그림을 보고 정답을 고른다

問題1 もんだい1では、まず　しつもんを　聞いて　ください。　そ
　　　れから　話を　聞いて、もんだいようしの　1から4の　中か
　　　ら、いちばん　いい　ものを　一つ　えらんで　ください。

れい
1　車で　行きます。
2　電車で　行きます。
3　ふねで　行きます。
4　バスで　行きます。

포인트

선택지가 그림으로 제시되는 문제와 문자로 제시되는 문제가 반반씩 출제된다. 질문은 대화가 시작되기 전 한 번, 대화가 끝난 후 한 번, 총 두 번 들려준다.
내용을 듣고 과제 해결에 필요한 정보를 알아듣고 그 다음에 무엇을 해야 하는가를 묻는 문제이다. 대화 내용을 듣기 전에 과제를 수행할 사람이 여자인지 남자인지, 무엇을 해야 하는지 등의 질문 내용을 정확하게 파악해 두어야 한다.

학습요령

정보의 포인트「何・いつ・どこ」 등에 유의하면서 듣는다. 시험에서는 포인트를 메모하는 것도 중요하기 때문에, 연습할 때부터 메모를 하면서 듣도록 합시다. 메모를 하는 법도 연습함에 따라 능숙해질 것이다.

もんだい1　もんだい1では、まず　しつもんを　聞いて　ください。それから　話を
　　　　　　聞いて、もんだいようしの　1から4の　中から、いちばん　いい　ものを
　　　　　　一つ　えらんで　ください。

1　◎ 23

1　りんご

2　メロン

3　みかん

4　バナナ

2　◎ 24

1

2

3

4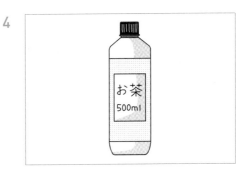

3 ◎ 25

1
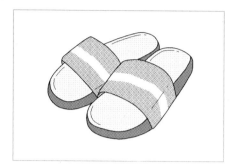

2
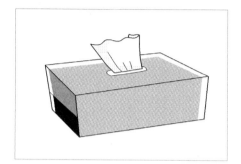

3

4

4 ◎ 26

1 寝る。

2 スマホで　ゲームを　する。

3 本を　よむ。

4 小説を　書く。

もんだい1　もんだい1では、まず　しつもんを　聞いて　ください。それから　話を
　　　　　　聞いて、もんだいようしの　1から4の　中から、いちばん　いい　ものを
　　　　　　一つ　えらんで　ください。

1　◎ 27

1　金曜日の　4時
2　金曜日の　2時
3　土曜日の　4時
4　土曜日の　3時

2　◎ 28

1　

2　

3　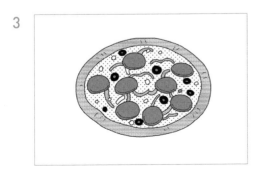

4　

3　🎧 29

1

2

3

4

4　🎧 30

1

2

3

4

もんだい1　もんだい1では、まず　しつもんを　聞いて　ください。それから　話を
　　　　　　聞いて、もんだいようしの　1から4の　中から、いちばん　いい　ものを
　　　　　　一つ　えらんで　ください。

1　◎ 31

1　友だちに　あやまる。
2　友だちに　電話を　する。
3　もういちど　メールを　送る。
4　教室に　行って　みる。

2　◎ 32

1　午前　11時
2　午後　12時
3　午後　1時　30分
4　午後　2時

3 ◎ 33

1　電話で　予約を　する。
2　店に　行って　チケットを　もらう。
3　店が　開くまで　待つ。
4　お金を　はらう。

4 ◎ 34

1 2

3 4

もんだい1　もんだい1では、まず　しつもんを　聞いて　ください。それから　話を
　　　　　聞いて、もんだいようしの　1から4の　中から、いちばん　いい　ものを
　　　　　一つ　えらんで　ください。

1　◎ 35

1　携帯電話の　店
2　会社
3　修理センター
4　中央公園

2　◎ 36

1

2

3
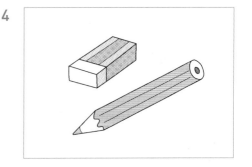

4

3 ◎ 37

1

2

3

4

4 ◎ 38

1

2

3
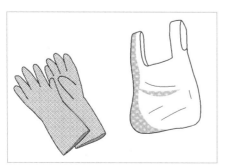

4
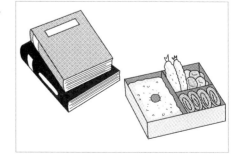

もんだい1　もんだい1では、まず　しつもんを　聞いて　ください。それから　話を
　　　　　聞いて、もんだいようしの　1から4の　中から、いちばん　いい　ものを
　　　　　一つ　えらんで　ください。

1　◎ 39

1　受付に　連絡する。
2　お客さんに　会議室を　案内する。
3　お茶を　準備する。
4　お客さんに　資料を　わたす。

2　◎ 40

1　マイクを　放送室に　かえす。
2　カメラを　山本さんに　わたす。
3　となりの　教室に　いすを　持って　いく。
4　学生課に　連絡する。

3 ◎ 41

1 山<small>やま</small>の　上<small>うえ</small>から　とった　写真<small>しゃしん</small>

2 花<small>はな</small>が　たくさん　咲<small>さ</small>いてる　広場<small>ひろば</small>の　写真<small>しゃしん</small>

3 サッカーの　写真<small>しゃしん</small>

4 文化祭<small>ぶんかさい</small>の　写真<small>しゃしん</small>

4 ◎ 42

1 図書館<small>としょかん</small>

2 学生食堂<small>がくせいしょくどう</small>

3 音楽室<small>おんがくしつ</small>

4 体育館<small>たいいくかん</small>

|M|E|M|O|

확인문제 1

문제1에서는 우선 질문을 들어 주세요. 그리고 나서 이야기를 듣고, 문제용지의 1에서 4 중에서 가장 좋은 것을 하나 골라 주세요.

1 ◎ 23

スーパーで女の人がお店の人と話しています。女の人はこの店で何を買いますか。	슈퍼에서 여자와 가게 사람이 이야기하고 있습니다. 여자는 이 가게에서 무엇을 삽니까?

女　　　おじさん、きょうは何が安いの？

店の人　りんごが3個で500円。3000円のメロンが 2000円！

女　　　みかんは？

店の人　20個で1000円にしましょう！

女　　　うーん、1人だからたくさん食べられないしね。

店の人　バナナなら3ぼんで200円！

女　　　安いけど、二つ残ってたわ。でも今日友達が来るからたくさんあってもいいか。じゃ6本ください。

女の人はこの店で何を買いますか。

1　りんご
2　メロン
3　みかん
4　バナナ

여　　　　아저씨, 오늘은 뭐가 싸요?

가게 사람　사과가 3개에 500엔. 3000엔인 메론이 2000엔!

여　　　　귤은요?

가게 사람　20개에 1000엔에 드리지요!

여　　　　음… 혼자니까 많이 먹을 수 없기도 하고.

가게 사람　바나나라면 3개에 200엔!

여　　　　싸지만, 2개 남았었지. 하지만 오늘 친구가 오니까 많이 있어도 되겠지. 그럼 6개 주세요.

여자는 이 가게에서 무엇을 삽니까?

1　사과
2　메론
3　귤
4　바나나

정답　4

어휘　スーパー 슈퍼 | お店 가게 | 話す 이야기하다 | 買う 사다 | おじさん 아저씨 | 安い 싸다 | りんご 사과 | ~個 ~개 | メロン 멜론 | みかん 귤 | ~にする ~로 하다 | 1人 한 명, 혼자 | 食べられる 먹을 수 있다 | バナナ 바나나 | ~なら ~이라면 | ~本 ~개(긴 것) | 二つ 두 개 | 残る 남다 | でも 하지만 | 友達 친구 | 来る 오다 | たくさん 많이 | ~てもいい ~해도 되다 | じゃ 그럼 | ください 주세요

해설　사과나 멜론에 대해서는 특별한 언급이 없었고, 귤은 혼자서 다 먹을 수 없다고 했다. 마지막에 바나나에 대해서는 집에 아직 두 개가 있지만 친구가 오기 때문에 많아도 되겠다고 여섯 개를 구입했다. 따라서 4번이 답이 된다.

会社で男の人と女の人が話しています。女の人は会
議の前に何を準備しますか。

女　会議のとき、コーヒーとお茶はどちらを準備しま
　　しょうか。

男　コーヒーはきらいな人もいるからお茶がいいね。

女　あたたかいのをお出ししましょうか。

男　いや、ふつうのペットボトルでいいよ。

女　大きさは200mlと500 mlがありますが…。

男　少ないとこまるから大きいので。

女の人は会議の前に何を準備しますか。

1　　　　　　　　　　2

3　　　　　　　　　　4

회사에서 남자와 여자가 이야기하고 있습니다. 여자는 회의 전
에 무엇을 준비합니까?

여　회의 때, 커피와 차는 어느 쪽을 준비할까요?

남　커피는 싫어하는 사람도 있으니까 차가 좋겠군.

여　따뜻한 것을 낼까요?

남　아니, 보통 페트병이면 돼.

여　크기는 200ml와 500ml가 있습니다만….

남　적으면 곤란하니까 큰 것으로.

여자는 회의 전에 무엇을 준비합니까?

정답　4

어휘　会社 회사 | 男の人 남자 | 女の人 여자 | 準備 준비 | とき ~때 | コーヒー 커피 | お茶 차 | どちら 어느
쪽 | ~ましょうか ~할까요 | きらいだ 싫어하다 | 人 사람 | いい 좋다 | あたたかい 따뜻하다 | お出しする 내드
리다 | いや 아니 | ふつう 보통 | ペットボトル 페트병 | 大きさ 크기 | ある 있다 | 少ない 적다 | こまる 곤란하다
| 大きい 크다

해설　커피와 차 중 어느 것을 준비할지 질문했을 때 남자가 차가 좋다고 했고, 따뜻하지 않은 보통 페트병을 지시했
다. 또한 적으면 곤란하므로 큰 사이즈를 요구했기 때문에 4번이 답이 된다.

男の人と女の人が話しています。男の人は女の人に
何を買ってあげますか。

男　100円ショップに行くけど何か買うものある?

女　100円ショップっていらないものまで買っちゃうのよ
　　ね。スリッパやティッシュとか、みんな家にあるのに。

男　じゃ何も買わなくていいんだね。

女　あ、待って。そしたら紙のふくろを買ってきてくれる?

男　大きさはどのくらい? カバンもあると思うけど。

남자와 여자가 이야기하고 있습니다. 남자는 여자에게 무엇을
사다 줍니까?

남　100엔 숍에 갈 건데 뭔가 살 것 있어?

여　100엔 숍은 필요 없는 것까지 사게 돼 버리지. 슬리퍼나 티슈
　　라든지, 모두 집에 있는데도.

남　그럼 아무것도 사지 않아도 되는 거지?

여　아, 기다려. 그러면 종이 가방을 사다 줄래?

남　크기는 어느 정도? 가방도 있을 건데.

女 いちばん<ruby>大<rt>おお</rt></ruby>きいの。カバンはいらないから。	여 가장 큰 거. 가방은 필요 없으니까.

<ruby>男<rt>おとこ</rt></ruby>の<ruby>人<rt>ひと</rt></ruby>は<ruby>女<rt>おんな</rt></ruby>の<ruby>人<rt>ひと</rt></ruby>に<ruby>何<rt>なに</rt></ruby>を<ruby>買<rt>か</rt></ruby>ってあげますか。

남자는 여자에게 무엇을 사다 줍니까?

1 　　　2

3 　　　4

정답 3

어휘 <ruby>買<rt>か</rt></ruby>う 사다 | 100<ruby>円<rt>えん</rt></ruby>ショップ 100엔 숍 | <ruby>行<rt>い</rt></ruby>く 가다 | ～けど ～이지만, ～인데 | <ruby>何<rt>なに</rt></ruby>か 뭔가 | もの 물건, 것 | ある 있다 | ～って ～라는 건 | いる 필요하다 | ～まで ～까지 | ～ちゃう ～해 버리다 | スリッパ 슬리퍼 | ティッシュ 티슈 | ～とか ～라든지 | みんな 모두 | <ruby>家<rt>いえ</rt></ruby> 집 | ～のに ～인데 | じゃ 그럼 | <ruby>何<rt>なに</rt></ruby>も 아무것도 | ～ていい ～해도 되다 | <ruby>待<rt>ま</rt></ruby>つ 기다리다 | そしたら 그러면 | <ruby>紙<rt>かみ</rt></ruby>のふくろ 종이 봉투 | ～てくれる ～해 주다 | <ruby>大<rt>おお</rt></ruby>きさ 크기 | どのくらい 어느 정도 | カバン 가방 | ～と<ruby>思<rt>おも</rt></ruby>う ～라고 생각하다 | いちばん 가장 | <ruby>大<rt>おお</rt></ruby>きい 크다

해설 남자가 100엔 숍에 가는데 여자에게 필요한 것이 있는지 묻는다. 슬리퍼나 티슈는 집에 다 있다고 하지만, 여자가 「あ、<ruby>待<rt>ま</rt></ruby>って。そしたら<ruby>紙<rt>かみ</rt></ruby>のふくろを<ruby>買<rt>か</rt></ruby>ってきてくれる？ (아,기다려. 그러면 종이 가방을 사다 줄래?)」라고 부탁을 하므로 3번이 답이 된다.

4 🎧 26

<ruby>男<rt>おとこ</rt></ruby>の<ruby>人<rt>ひと</rt></ruby>と<ruby>女<rt>おんな</rt></ruby>の<ruby>人<rt>ひと</rt></ruby>が<ruby>話<rt>はなし</rt></ruby>をしています。<ruby>女<rt>おんな</rt></ruby>の<ruby>人<rt>ひと</rt></ruby>は<ruby>電車<rt>でんしゃ</rt></ruby>の<ruby>中<rt>なか</rt></ruby>で<ruby>何<rt>なに</rt></ruby>をしますか。

남자와 여자가 이야기를 하고 있습니다. 여자는 전철 안에서 무엇을 합니까?

女 <ruby>明日<rt>あした</rt></ruby>から<ruby>旅行<rt>りょこう</rt></ruby>だけど、<ruby>電車<rt>でんしゃ</rt></ruby>にのってる<ruby>時間<rt>じかん</rt></ruby>が<ruby>長<rt>なが</rt></ruby>いのよね。
여 내일부터 여행인데, 전철에 타고 있는 시간이 길지.

男 <ruby>寝<rt>ね</rt></ruby>ていけばいいんじゃない？
남 자면서 가면 되지 않아?

女 そんなのおもしろくないでしょ。
여 그런 건 재미없잖아?

男 スマホでゲームするとか。
남 스마트폰으로 게임을 한다든지?

女 <ruby>旅行<rt>りょこう</rt></ruby>なんだから、いつもしていることはしたくないな。
여 여행이니까, 평소에 하는 것은 하고 싶지 않아.

男 じゃあ、<ruby>本<rt>ほん</rt></ruby>をよんだら？ <ruby>行<rt>い</rt></ruby>く<ruby>場所<rt>ばしょ</rt></ruby>が<ruby>出<rt>で</rt></ruby>てくる<ruby>小説<rt>しょうせつ</rt></ruby>とか。
남 그럼, 책을 읽는 건 어때? 갈 장소가 나오는 소설이라든지.

女 そうか、それなら<ruby>旅行<rt>りょこう</rt></ruby>もおもしろくなるね。
여 그런가, 그거라면 여행도 재미있어지겠네.

女の人は電車の中で何をしますか。
1 寝る。
2 スマホでゲームをする。
3 本をよむ。
4 小説を書く。

여자는 전철 안에서 무엇을 합니까?
1 잔다.
2 스마트폰으로 게임을 한다.
3 책을 읽는다.
4 소설을 쓴다.

정답 3

어휘 電車 전철 | 中 안, 속 | 旅行 여행 | のる 타다 | 時間 시간 | 長い 길다 | 寝る 자다 | 〜ばいい 〜하면 된다 | 〜じゃない 〜이잖아 | おもしろい 재있다 | スマホ 스마트폰 | ゲーム 게임 | 〜とか 〜라든지 | いつも 평소, 늘 | こと 일, 것 | じゃ(あ) 그럼 | 本 책 | よむ 읽다 | 〜たら 〜하면, 〜하는 게 어때? | 行く 가다 | 場所 장소 | 出て くる 나오다 | 小説 소설 | 〜なら 〜이라면 | 〜くなる 〜해지다

해설 여자가 여행 갈 때 전철 안에서 무엇을 하는지 묻는 내용이다. 자면서 가는 건 재미 없고 게임은 평소에 하는 것이기 때문에 싫다고 한다. 남자가 마지막에 여행지에 관련된 책을 읽는 것을 권하자 그거라면 여행도 재미있어지겠다고 동의한다.

확인문제 2

문제1에서는 우선 질문을 들어 주세요. 그리고 나서 이야기를 듣고 문제용지의 1에서 4 중에서 가장 좋은 것을 하나 골라 주세요.

1 ◎ 27

女の学生と男の学生が話しています。読書会は何曜日の何時になりましたか。

女	ねえ、こんどの読書会、金曜日から土曜日になったの聞いた？
男	え？知らなかった。土曜日はアルバイトがあるけど、何時？
女	時間は同じ4時だっていってたけど。
男	アルバイトは3時までだから、急いで行けば何とかなるね。きみはどう？
女	わたしもピアノの練習は2時までだからだいじょうぶよ。

読書会は何曜日の何時になりましたか。
1 金曜日の4時
2 金曜日の2時
3 土曜日の4時
4 土曜日の3時

여학생과 남학생이 이야기하고 있습니다. 독서회는 무슨 요일 몇 시가 되었습니까?

여	있잖아, 이번 독서회 금요일에서 토요일이 된 거 들었어?
남	응? 몰랐어. 토요일은 아르바이트가 있는데, 몇 시?
여	시간은 같은 4시라고 하던데.
남	아르바이트는 3시까지니까, 서둘러서 가면 어떻게든 되겠네. 너는 어때?
여	나도 피아노 연습은 2시까지니까 괜찮아.

독서회는 무슨 요일 몇 시가 되었습니까?
1 금요일 4시
2 금요일 2시
3 토요일 4시
4 토요일 3시

정답 3

어휘 女 여자 | 学生 학생 | 男 남자 | 読書会 독서회 | 何曜日 무슨 요일 | 何時 몇 시 | なる 되다 | こんど 이번 | 金曜日 금요일 | ～から ～부터 | 土曜日 토요일 | 聞く 듣다 | 知らない 모르다 | アルバイト 아르바이트 | ある 있다 | 時間 시간 | 同じ 같음 | ～っていう ～라고 하다 | ～けど ～인데, ～이지만 | ～まで ～까지 | ～だから ～이니까 | 急いで 서둘러서 | 行く 가다 | 何とか 어떻게든 | きみ 너 | どう 어떻게, 어때 | ピアノ 피아노 | 練習 연습 | だいじょうぶだ 괜찮다

해설 독서회가 무슨 요일, 몇 시가 되는지 묻는 질문이다. 여자가 첫마디에서 「…土曜日になったの聞いた？（…토요일이 된 것 들었어?)」라고 하므로 토요일로 정해졌고, 시간은 「時間は同じ4時だっていってたけど(시간은 같은 4시라고 하던데)」라는 부분을 들고 4시인 것을 이해하면 되겠다. 따라서 정답은 3번이다.

2 ◎ 28

お母さんとむすこが話しています。友だちが来たときどんな料理を作りますか。

むすこ	かあさん、日曜にアメリカの友だちが来るんだけど、何か作ってくれない？
母	アメリカの人？だったらピザでもたのんだら。
むすこ	日本に来るんだし、やっぱり日本の料理がいいでしょ。天ぷらは？

어머니와 아들이 이야기하고 있습니다. 친구가 왔을 때 어떤 요리를 만듭니까?

아들	엄마, 일요일에 미국 친구가 오는데, 뭔가 만들어 주지 않을래요?
어머니	미국 친구? 그럼 피자라도 주문하는 건 어때?
아들	일본에 오는 것이기도 하고 역시 일본 요리가 좋잖아요. 튀김은요?

母	夏は天ぷらなんておいしくないわよ。つめたいおそばはどう？
むすこ	ラーメンが好きだっていってたから、いいかもしれないね。

友だちが 来たとき、どんな料理を作りますか。

1　　　2

3　　　4　

어머니	여름은 튀김 같은 거 맛없어. 시원한 메밀국수는 어때?
아들	라면을 좋아한다고 했으니까 좋을지도 모르겠네요.

친구가 왔을 때 어떤 요리를 만듭니까?

정답　1

어휘　母 엄마 | むすこ 아들 | 話す 이야기하다 | 友だち 친구 | 来る 오다 | ～とき ～할 때 | どんな 어떤 | 料理 요리 | 作る 만들다 | かあさん 엄마 | 日曜 일요일 | アメリカ 미국 | ～てくれる ～해 주다 | だったら 그럼 | ピザ 피자 | たのむ 부탁하다, 주문하다 | ～たら ～하면 | 日本 일본 | ～し ～이기도 하고 | やっぱり 역시 | 天ぷら 튀김 | 夏 여름 | ～なんて ～같은 것 | おいしい 맛있다 | つめたい 차갑다 | おそば 메밀소바 | どう 어때?, 어떻게 | ラーメン 라면 | 好きだ 좋아하다 | いう 말하다 | ～かもしれない ～일지도 모른다

해설　미국에서 친구가 와서 엄마에게 음식을 만들어 달라고 한다. 엄마가 피자를 권하자 모처럼 일본에 오는 것이니 튀김을 물어보았고, 여름엔 튀김보다 시원한 메밀국수를 먹는 게 좋을 것 같다는 제안을 받았다. 그러자 「ラーメンが好きだっていってたから、いいかもしれないね(라면을 좋아한다고 했으니까 좋을지도 모르겠네요)」라고 동의를 하므로 답은 1번이 된다.

3 ◎29

男の人と女の人が話しています。女の人は何をすることにしましたか。

男	どうしたの？
女	昨日から風邪をひいたみたいで熱が出て…。
男	熱がある時はお風呂にゆっくりはいるとか、ぐっすり寝たら？
女	それは毎日しているけど…。
男	この前テレビで見たんだけど、風邪を引いたとき、一番必要なのは、水を飲むことだって。
女	本当？ そうしてみる‼ ありがとう。
男	それと熱があると何も食べたくなくなるけど、無理に食べなくてもいいんだって。

남자와 여자가 이야기하고 있습니다. 여자는 무엇을 하기로 했습니까?

남	무슨 일이야?
여	어제부터 감기에 걸린 것 같아서 열이 나서….
남	열이 있을 때는 목욕을 천천히 한다거나, 푹 자는 건 어때?
여	그것은 매일 하고 있는데….
남	저번에 TV에서 봤는데, 감기에 걸렸을 때 가장 필요한 것은 물을 마시는 거래.
여	정말? 그렇게 해 볼게‼ 고마워.
남	그리고 열이 있으면 아무것도 먹고 싶지 않아지는데, 무리해서 먹지 않아도 괜찮대.

女の人は何をすることにしましたか。

여자는 무엇을 하기로 했습니까?

정답 2

어휘 ～ことにする ～하기로 하다 | どうしたの？ 무슨 일이야? | ～から ～부터 | 風邪をひく 감기에 걸리다 | ～みたいだ ～인 것 같다 | 熱が出る 열이 나다 | ～時 ～할 때 | お風呂にはいる 목욕을 하다, 욕조에 몸을 담그다 | ゆっくり 천천히 | ぐっすり 푹 | 寝る 자다 | 毎日 매일 | ～けど ～인데, ～이지만 | この前 요전에 | テレビ 텔레비전 | 見る 보다 | 一番 가장 | 必要だ 필요하다 | 水 물 | 飲む 마시다 | ～だって ～이래(전문) | 本当 정말 | そう 그래, 그렇게 | ありがとう 고맙다 | それと 그리고 | 何も 아무것도 | 食べたい 먹고 싶다 | なる 되다 | 無理に 억지로 | ～なくてもいい ～하지 않아도 되다

해설 감기에 걸린 여자가 무엇을 하기로 했는지 묻는 질문이다. 남자가 목욕을 하거나 푹 자는 것을 권했는데 그것은 매일 하고 있다고 했다. 그리고 남자가 TV에서 봤는데「…風邪を引いたとき、一番必要なのは、水を飲むことだって(…감기에 걸렸을 때 가장 필요한 것은 물을 마시는 거래)」라고 하고, 여자가「本当？ そうしてみる！…(정말? 그렇게 해 볼게! …)」라고 하므로 2번이 답이 된다.

4 ◎ 30

男の学生と女の学生が話しています。男の学生は4月から何で学校に行きますか。

남학생과 여학생이 이야기하고 있습니다. 남학생은 4월부터 무엇으로 학교에 갑니까?

女 4月から地下鉄のねだんが上がるって。

男 えー、この前バスが上がったばかりなのに。

女 バスも電車も高くなるなら、自転車に乗るしかないね。

男 うん、4月からそうする。健康にもいいし。

女 私をうしろに乗せてってよ。お昼のパンを買ってあげるから。

男 タクシーじゃないんだから無理！ 二人のりはダメだし。

女 しょうがないな～。私もダイエットのためにあるいてみようかな～。

여 4월부터 지하철 요금이 오른대.

남 뭐? 요전에 버스가 오른 지 얼마 안 되었는데.

여 버스도 전철도 비싸지면, 자전거를 탈 수밖에 없네.

남 응, 4월부터 그렇게 할래. 건강에도 좋기도 하고.

여 나를 뒤에 태워서 가 줘. 점심에 먹을 빵을 사 줄 테니까.

남 택시가 아니니까 무리야! 두 사람이 타는 건 안 되기도 하고.

여 어쩔 수 없네~. 나도 다이어트를 위해서 걸어 볼까.

男の学生は4月から何で学校に行きますか。

남학생은 4월부터 무엇으로 학교에 갑니까?

정답 3

어휘 〜月 〜월 | 何で 무엇으로 (수단) | 学校 학교 | 〜から 〜부터 | 地下鉄 지하철 | ねだん 가격, 요금 | 上がる 오르다 | この前 요전에 | バス 버스 | 〜たばかり 막〜 한 참 | 電車 전차, 전철 | 高くなる 비싸지다 | 自転車 자전거 | 乗る 타다 | 〜しかない 〜밖에 없다 | 健康 건강 | いい 좋다 | うしろ 뒤 | 乗せる 태우다 | お昼 낮, 점심 | パン 빵 | 買う 사다 | 〜てあげる 〜해 주다 | タクシー 택시 | 無理だ 무리다 | 二人のり 둘이서 타는 것 | ダメだ 안 된다 | 〜し 〜하기도 하고 | しょうがない 어쩔 수 없다 | ダイエット 다이어트 | あるく 걷다 | 〜てみる 〜해 보다

해설 4월부터 지하철 요금이 오르는데 남자가 무엇으로 통학을 하는지에 대한 질문이다. 여자가「バスも電車も高くなるなら、自転車に乗るしかないね(버스도 지하철도 비싸지면 자전거를 탈 수밖에 없네)」라고 한 것에 대해서 남자가「うん、4月からそうする…(응, 4월부터 그렇게 할래…)」라고 하므로 3번 자전거가 정답임을 알 수 있다.

확인문제 3

문제1에서는 우선 질문을 들어주세요. 그리고 나서 이야기를 듣고 문제용지의 1에서 4 중에서 가장 좋은 것을 하나 골라 주세요.

1 ◎ 31

男の学生と女の学生が話をしています。男の学生はこのあと何をしますか。

女 どうしたの？何だか元気がないね。
男 うん、昨日友だちと会う約束をしていたのに忘れちゃって。
女 あやまったんでしょ？
男 電話も出ないし、メールも返事がこないし…。
女 待ってるだけじゃなくて、家に行くとか教室に行ってみたら。
男 そうだね。友だちの授業が終わるころ、教室に行ってみるよ！

男の学生はこのあと何をしますか。
1 友だちにあやまる。
2 友だちに電話をする。
3 もういちどメールを送る。
4 教室に行ってみる。

남학생과 여학생이 이야기하고 있습니다. 남학생은 이후에 무엇을 합니까?

여 무슨 일이야? 왠지 기운이 없네.
남 응, 어제 친구와 만날 약속을 했었는데 잊어버려서.
여 사과했지?
남 전화도 받지 않고 메일(문자)도 답장이 오지 않고….
여 기다리고 있지만 말고, 집에 간다든지 교실에 가 보는 건 어때?
남 그러네. 친구 수업이 끝날 때쯤, 교실에 가 볼게!

남학생은 이후에 무엇을 합니까?
1 친구에게 사과한다.
2 친구에게 전화를 한다.
3 한 번 더 메일을 보낸다.
4 교실에 가 본다.

정답 4

어휘 どうしたの？ 무슨 일이야? | 何だか 왠지 | 元気 기운 | 友だち 친구 | 会う 만나다 | 約束 약속 | 忘れる 잊다 | 〜ちゃう 〜해 버리다 | あやまる 사과하다 | 〜でしょ 〜이지? | 電話に出る 전화를 받다 | 〜し 〜하기도 하고 | メール 메일 | 返事 답장 | くる 오다 | 〜だけ 〜만 | 家 집 | 行く 가다 | 教室 교실 | 〜たら 〜하면, 〜하는 게 어때? | 授業 수업 | 終わる 끝나다 | ころ 〜쯤, 무렵 | 〜てみる 〜해 보다

해설 남자가 친구와 약속한 것을 잊어서 기운이 없는 모습을 보고, 여자가 조언을 해 주는 내용이다. 친구는 전화도 받지 않고 메일도 답장이 오지 않는 상황인데 여자가 「待ってるだけじゃなくて、家に行くとか教室に行ってみたら(기다리고 있지만 말고, 집에 간다든지 교실에 가 보는 건 어때?)」라고 권해서 「そうだね。…教室に行ってみるよ！(그러네. … 교실에 가 볼게!)」라고 하므로 4번이 답이 된다.

2 ◎ 32

駅員と女の人が話しています。女の人は何時の特急電車に乗りますか。

女 午前11時の名古屋行き特急電車2枚ください。
男 すみませんが、午前11時に着く予定の特急電車がほかの駅で故障してとまりました。
次の電車にのってください。

역무원과 여자가 이야기하고 있습니다. 여자는 몇 시의 특급전철을 탑니까?

여 오전 11시 나고야행 특급전철 두 장 주세요.
남 죄송하지만, 오전 11시에 도착할 예정인 특급전철이 다른 역에서 고장 나서 멈췄습니다.
다음 전철을 타 주세요.

女 次の電車は何時ですか。
男 次は12時に特急が来る予定です。そのあとは30分遅れて午後1時30分になります。午後2時予定の特急はまだ何時になるか分かりません。
女 だったら12時に駅で昼ごはん食べて、その次の電車に乗ります。

女の人は何時の特急電車に乗りますか。
1 午前11時
2 午後12時
3 午後1時30分
4 午後2時

여 다음 전철은 몇 시입니까?
남 다음은 12시에 특급이 올 예정입니다. 그 후는 30분 늦어져 오후 1시 30분이 됩니다. 오후 2시 예정인 특급은 아직 몇 시가 될지 모릅니다.
여 그럼 12시에 역에서 점심 먹고, 그 다음 전철을 탈게요.

여자는 몇 시의 특급전철을 탑니까?
1 오전 11시
2 오후 12시
3 오후 1시 30분
4 오후 2시

정답 3

어휘 駅員 역무원 | 何時 몇 시 | 特急 특급 | 電車 전철 | のる 타다 | 午前 오전 | 名古屋行き 나고야(지명)행 | ～枚 ～장 | ください 주세요 | すみませんが 죄송합니다만 | 着く 도착하다 | 予定 예정 | ほかの～ 다른～ | 駅 역 | 故障する 고장 나다 | とまる 멈추다 | 次 다음 | 来る 오다 | そのあと 그 후 | 遅れる 늦다 | 午後 오후 | なる 되다 | まだ 아직 | 分かる 알다, 알 수 있다 | だったら 그러면 | 昼ごはん 점심밥 | 食べる 먹다

해설 여자가 몇 시의 특급전철을 타는지 묻는 문제이다. 원래 11시 전철을 타려고 했지만 다른 역에서 고장이 나서 멈춘 상태라고 한다. 다음 전철은 12시에 있고, 그 후는 오후 1시 30분에 있는데, 2시 예정이었던 전철은 아직 몇 시가 될지 모르는 상황이다. 여자가 마지막에 「だったら12時に駅で昼ごはん食べて、その次の電車に乗ります(그럼 12시에 역에서 점심 먹고, 그 다음 전철을 탈게요)」라고 하므로 오후 1시 30분 전철을 탄다는 것을 알 수 있다.

3 ◎33

レストランのサービスについて説明しています。食事をする人ははじめに何をしますか。

男 レストラン・インドは今日特別サービスでお客さまにカレーを100円でお出しします。予約はできません。お客さまははじめにチケットをもらってください。朝10時からひとり2まいさしあげます。ぜんぶで500にんの方だけです。そのあと12時からお店があきますが、整理券がある方だけ食事できます。

食事をする人ははじめに何をしますか。
1 電話で予約をする。
2 店に行ってチケットをもらう。
3 店が開くまで待つ。
4 お金をはらう。

레스토랑의 서비스에 대해서 설명하고 있습니다. 식사를 하는 사람은 우선 무엇을 합니까?

남 레스토랑 인도는 오늘 특별 서비스로 손님에게 카레를 100엔에 드립니다. 예약은 불가능합니다. 손님은 우선 티켓을 받아 주세요. 아침 10시부터 한 명당 두 장 드립니다. 전부 다해서 500명만입니다. 그 후 12시부터 가게가 열리는데, 번호표가 있는 분만 식사를 하실 수 있습니다.

식사를 하는 사람은 우선 무엇을 합니까?
1 전화로 예약을 한다.
2 가게에 가서 티켓을 받는다.
3 가게가 열릴 때까지 기다린다.
4 돈을 지불한다.

정답 2

어휘 レストラン 레스토랑 | サービス 서비스 | 〜について 〜에 대해서 | 説明 설명 | 食事 식사 | はじめに 우선 | 特別 특별 | お客さま 손님 | カレー 카레 | お出しする (내어) 드리다 | 予約 예약 | できる 할 수 있다 | チケット 티켓 | もらう 받다 | 〜てください 〜해 주세요 | 朝 아침 | 〜から 〜부터 | ひとり 한 명 | 〜まい 〜장 | さしあげる 드리다 | ぜんぶで 전부 다 해서 | 〜にん 〜명 | 方 분(사람의 높임말) | 〜だけ 〜만 | そのあと 그후 | お店 가게 | あく 열리다 | 整理券 번호표, 순번대기표

해설 레스토랑에서 식사를 하는 사람이 우선 무엇을 하면 되는지 묻는 문제이다. 오늘 특별 서비스로 카레를 100엔에 드리는데 예약은 불가능하다고 하고「お客さまははじめにチケットをもらってください(손님은 우선 티켓을 받아주세요.)」라고 했으므로, 가장 먼저하는 일에 해당하는 2번을 체크한다. 뒷부분은 주의사항에 대한 내용이므로 답과 직접적인 연관이 없다.

---

4 ◎34

女の人がアルバイトの男の人と話しています。男の人は何をどの順番でしなければなりませんか。

女　前田君、入り口のところにおいてある箱を中に入れて、それから、野菜を洗って。
男　はい。箱を入れて、野菜を洗うんですね。
女　そう。あ、そうそう、野菜を洗う前に掃除をお願い。箱を入れたら、掃除をしてね。
男　はい、分かりました。

男の人は何をどの順番でしなければなりませんか。

여자가 아르바이트인 남자와 이야기하고 있습니다. 남자는 무엇을 어느 순서로 해야 합니까?

여　마에다 군, 입구 쪽에 놓여 있는 상자를 안에 넣고, 그리고 나서 채소를 씻어줘.
남　네. 상자를 넣고, 채소를 씻는 거군요.
여　그래. 아, 맞아, 채소를 씻기 전에 청소를 부탁해. 상자를 넣으면, 청소를 해줘.
남　네. 알겠습니다.

남자는 무엇을 어느 순서로 해야 합니까?

정답 1

어휘 順番 순서 | 〜なければならない 〜해야 한다 | 〜君 〜군 | 入口 입구 | ところ 장소, 쪽 | おく 두다 | 〜てある 〜되어 있다 | 箱 상자 | 中 안, 속 | 入れる 넣다 | それから 그리고 나서 | 野菜 채소 | 洗う 씻다 | そうそう 아 참, 맞아 | 前に 전에 | 掃除 청소 | お願い 부탁(해) | 〜たら 〜하면 | 分かる 알다

해설 순서가 중간에 바뀌므로 까다로운 문제가 되겠다. 먼저 상자를 넣고 채소를 씻으라고 하는데 여자가 중간에「あ、そうそう、野菜を洗う前に掃除をお願い。箱を入れたら、掃除をしてね(아, 맞아, 채소를 씻기 전에 청소를 부탁해. 상자를 넣으면 청소를 해 줘)」라는 부분을 듣고 상자를 넣은 후 청소를 하고 채소를 씻는 순으로 체크하면 되겠다.

문제1에서는 우선 질문을 들어 주세요. 그리고 나서 이야기를 듣고 문제용지의 1에서 4 중에서 가장 좋은 것을 하나 골라 주세요.

1 (◎)35

携帯電話の店で男の人と店員が話しています。男の
人はこれからどこへ行きますか。

店の人	いらっしゃいませ。
男	あのう、この電話、駅で落として故障したんで すけどお店でなおせますか。
店の人	そうですね。1週間くらいかかると思いますが。
男	もっと早くできませんか。会社で必要なんで。
店の人	修理センターにもっていけばここより早いです よ。
男	場所を教えてください。すぐタクシーで行きま すから。
店の人	中央公園のとなりですからここからタクシーな ら10分くらいですね。

男の人はこれからどこへ行きますか。
1 携帯電話の店
2 会社
3 修理センター
4 中央公園

휴대전화 가게에서 남자와 점원이 이야기하고 있습니다. 남자 는 이제부터 어디에 갑니까?

점원	어서 오세요.
남	저기, 이 전화, 역에서 떨어뜨려서 고장이 났는데 가게 에서 고칠 수 있습니까?
점원	글쎄요, 일주일 정도 걸릴 것 같습니다만.
남	더 빨리 안 됩니까? 회사에서 필요해서요.
점원	수리 센터에 가지고 가면 여기보다 빨라요.
남	장소를 가르쳐 주세요. 바로 택시로 갈 테니까요.
점원	중앙공원 옆이니까 여기서 택시를 탄다면 10분 정도겠 군요.

남자는 이제부터 어디에 갑니까?
1 휴대전화 매장
2 회사
3 수리 센터
4 중앙공원

정답 3

어휘 携帯電話 휴대전화 | 店 가게 | 店員 점원 | これから 이제부터 | いらっしゃいませ 어서오세요 | 電話 전화 | 駅 역 | 落とす 떨어뜨리다 | 故障する 고장 나다 | お店 가게 | なおす 고치다 | そうですね 글쎄요 | 1週間 일주일 | ~くらい ~정도 | かかる 걸리다 | ~と思う ~라고 생각하다 | もっと 더욱 | 早く 빨리 | できる 가능하다 | 会社 회사 | 必要だ 필요하다 | 修理センター 수리 센터 | もっていく 가져가다 | ~より ~보다 | 早い 빠르다 | 場所 장소 | 教える 가르치다 | ~てください ~해 주세요 | すぐ 바로 | タクシー 택시 | 中央公園 중앙공원 | となり 옆, 이웃 | ~なら ~이라면 | ~くらい ~정도, ~쯤

해설 남자가 전화가 고장 나서 가게에서 고칠 수 있는지 물어보는데 가게에서는 1주일이나 걸린다고 하자 남자는 더 빨리 필요하다고 한다. 가게에서 수리 센터에 가지고 가면 여기보다 빠르다고 해서 택시를 타고 바로 가겠다고 한다. 따라 서 남자가 가는 곳은 3번 수리 센터가 된다.

2 (◎)36

女の学生が男の人と話しています。学生は試験のと
き何を持ってきますか。

女 こんど試験を受けるんですが、試験の日は何を準備 すればいいですか。

여학생이 남자와 이야기하고 있습니다. 학생은 시험 때 무엇을 가져옵니까?

여 이번에 시험을 보는데, 시험 날에는 무엇을 준비하면 되겠습 니까?

男　まずインターネットで申込書を送ってください。

女　それはもう送りました。

男　家に受験カードを送りますから、試験のとき、それに写真をはって持ってきてください。それと携帯電話はもってこないでください。えんぴつと消しゴムは教室にあります。

女　はい。

女の学生は試験のとき何を持ってきますか。

남　우선 인터넷으로 신청서를 보내 주세요.

여　그것은 이미 보냈습니다.

남　집으로 수험 카드를 보낼 테니까, 시험 때 그것에 사진을 붙여서 가져오세요.
　　그리고 휴대전화는 가져오지 말아 주세요. 연필과 지우개는 교실에 있습니다.

여　네.

여학생은 시험 때 무엇을 가져옵니까?

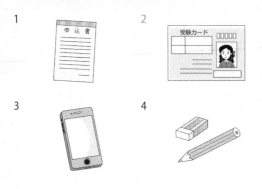

1
2
3
4

정답　2

어휘　試験 시험 | 持っていく 가져가다 | こんど 이번, 다음 | 受ける (시험)치르다 | 準備 준비 | まず 우선 | インターネット 인터넷 | 申込書 신청서 | 送る 보내다 | もう 이미 | 家 집 | 受験カード 수험 카드 | 写真 사진 | はる 붙이다 | 持ってくる 가져오다 | それと 그것과, 그리고 | 携帯電話 휴대전화 | ～ないでください ～하지 마세요 | えんぴつ 연필 | 消しゴム 지우개 | 教室 교실 | ある 있다

해설　학생이 시험 때 무엇을 가져가는지 묻는 문제이다. 남자가 우선 인터넷으로 신청서를 보내라고 하는데, 여자는 이미 보냈다고 하고 남자는 집으로 수험 카드를 보낼 테니 그것에 사진을 붙여서 가져오라고 한다. 따라서 2번 사진이 붙은 수험 카드가 정답이 된다.

3 ◉ 37

男の人と女の人が話しています。女の人はこのあと、何をしますか。

男　あーあ、山田さんが休みだからぜんぶ一人でしなくちゃ。

女　何か手伝うことある？ この資料コピーしようか。

男　コピーしたものは封筒に入れてあるから、切手をはって。

女　全部同じものなら郵便局でスタンプ押してくれるでしょ。

男　そうなの、知らなかったな。それなら郵便局に持っていってくれる？

女　うん。帰りにコーヒーでも買ってくるね。

남자와 여자가 이야기하고 있습니다. 여자는 이후에 무엇을 합니까?

남　아～, 야마다 씨가 쉬니까 전부 혼자서 해야 돼.

여　뭔가 도울 일 있어? 이 자료 복사할까?

남　복사한 것은 봉투에 넣어져 있으니까 우표를 붙여 줘.

여　전부 같은 것이면 우체국에서 도장 찍어 주잖아?

남　그래? 몰랐네. 그러면 우체국에 가져가 줄래?

여　응. 돌아올 때 커피라도 사 올게.

女_{おんな}の人_{ひと}はこのあと、何_{なに}をしますか。

여자는 이후에 무엇을 합니까?

1

2

3

4
〒郵便局

정답 4

어휘 休_{やす}み 휴일, 휴식 | ぜんぶ 전부 | 〜なくちゃ 〜해야 한다 | 何_{なに}か 뭔가 | 手伝_{てつだ}う 돕다 | こと 일 | ある 있다 | 資料_{しりょう} 자료 | コピー 복사 | もの 것, 물건 | 封筒_{ふうとう} 봉투 | 入_いれる 넣다 | 〜てある 〜되어 있다 | 切手_{きって} 우표 | はる 붙이다 | 同_{おな}じ 같음, 같은 것 | 〜なら 〜이라면 | 郵便局_{ゆうびんきょく} 우체국 | スタンプ 도장, 스탬프 | 押_おす 누르다, 찍다, 밀다 | 〜てくれる 〜해 주다 | 知_しらない 모르다 | 持_もっていく 가져가다 | 帰_{かえ}りに 돌아오는 길에 | コーヒー 커피 | 〜でも 〜라도 | 買_かう 사다

해설 야마다가 쉬어서 혼자서 일하는 남자를 여자가 도우려고 한다. 자료 복사는 이미 끝나서 봉투에 넣어져 있고, 우표는 같은 것이면 우체국에서 도장으로 찍어 준다고 한다. 따라서 남자가 마지막에 「郵便局に持っていってくれる？(우체국에 가져가 줄래?)」라고 부탁하므로 4번이 답이다.

4 ◎38

学校_{がっこう}で先生_{せんせい}が説明_{せつめい}しています。学生_{がくせい}は明日_{あした}何_{なに}を持_もっていきますか。

학교에서 선생님이 설명하고 있습니다. 학생은 내일 무엇을 가지고 갑니까?

男 明日_{あした}は午前中_{ごぜんちゅう}の授業_{じゅぎょう}のかわりに、もりやま川_{がわ}のそうじをします。水_{みず}に入_{はい}りますから、タオルとぬれてもいいくつを持_もってきてください。てぶくろとビニールのふくろは学校_{がっこう}で準備_{じゅんび}します。12時_じまでには終_おわる予定_{よてい}ですから教科書_{きょうかしょ}はいりません。午後_{ごご}は休_{やす}みなので昼_{ひる}ごはんは家_{いえ}で食_たべてください。

남 내일은 오전 수업 대신에, 모리야마강 청소를 합니다. 물에 들어가니까 수건과 젖어도 되는 신발을 가지고 오세요. 장갑과 비닐봉지는 학교에서 준비합니다. 12시 전까지 끝날 예정이니까 교과서는 필요 없습니다. 오후에는 쉬므로 점심밥은 집에서 드세요.

学生_{がくせい}は明日_{あした}何_{なに}を持_もっていきますか。

학생은 내일 무엇을 가지고 갑니까?

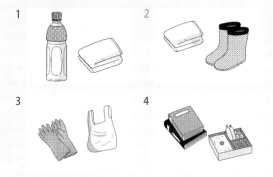

1

2

3

4

정답 2

어휘 説明 설명 | 午前中 오전 중 | 授業 수업 | かわりに 대신 | そうじ 청소 | 水 물 | 入る 들어가다 | タオル 수건 | ぬれる 젖다 | ～てもいい ～해도 되다 | くつ 구두 | 持ってくる 가지고 오다 | てぶくろ 장갑 | ビニールの ふくろ 비닐봉지 | 準備 준비 | ～までに ～까지(완료) | 終わる 끝나다 | 予定 예정 | 教科書 교과서 | いる 필요하다 | 午後 오후 | 休み 쉼, 휴식 | 昼ごはん 점심밥 | 食べる 먹다 | ～てください ～해 주세요

해설 내일 오전 수업 대신 청소를 하는데 학생이 무엇을 가지고 가면 되는지 묻는 문제이다. 물에 들어가므로 「…タオルとぬれてもいいくつを持ってきてください(…수건과 젖어도 되는 신발을 가져오세요)」라는 부분을 듣고 2번을 선택하면 된다. 장갑과 비닐봉지는 학교에서 주므로 학생이 가져갈 필요가 없다.

문제1에서는 우선 질문을 들어주세요. 그리고 나서 이야기를 듣고 문제용지의 1에서 4 중에서 가장 좋은 것을 하나 골라 주세요.

1 ◎39

男の人と女の人が話しています。女の人はこれから
まず何をしますか。

男 悪いけど、ちょっと受付の林さんに連絡してくれ
る？

女 はい。

男 説明会に来た人に4階の会議室に行くよう話してく
ださいって。

女 はい、わかりました。それからお茶でも準備しまし
ょうか。

男 あ、それは他の人に頼んだので大丈夫。
きみはあとで会議室の前でお客さんに資料をわたし
てほしいんだけど。

女 はい、そうします。

女の人はこれからまず何をしますか。
1 受付に連絡する。
2 お客さんに会議室を案内する。
3 お茶を準備する。
4 お客さんに資料をわたす。

남자와 여자가 이야기하고 있습니다. 여자는 이제부터 우선 무
엇을 합니까?

남 미안하지만, 잠시 접수처의 하야시 씨에게 연락해 줄래?

여 네.

남 설명회에 온 사람에게 4층 회의실로 가도록 말해 달라고.

여 네. 알겠습니다. 그리고 나서 차라도 준비할까요?

남 아, 그건 다른 사람에게 부탁했으니 괜찮아.
자네는 나중에 회의실 앞에서 손님에게 자료를 건네줬으면
좋겠는데.

여 네. 그렇게 하겠습니다.

여자는 이제부터 우선 무엇을 합니까?
1 접수처에 연락한다.
2 손님에게 회의실을 안내한다.
3 차를 준비한다.
4 손님에게 자료를 전해 준다.

정답 1

어휘 まず 우선 | 悪いけど 미안하지만 | ちょっと 조금, 잠시 | 受付 접수(처) | 連絡 연락 | ～てくれる ～
해 주다 | 説明会 설명회 | ～階 ～층 | 会議室 회의실 | ～よう ～하도록 | 話 이야기 | ～てください ～해 주세요 |
～って ～라고 | わかる 알다 | それから 그리고 나서 | お茶 차 | ～でも ～라도 | 準備 준비 | ～ましょうか ～할
까요? | 他の人 다른 사람 | 頼む 부탁하다 | ～ので ～이므로 | 大丈夫だ 괜찮다 | きみ 너, 자네 | あとで 나중에 |
前 앞 | お客さん 손님 | 資料 자료 | わたす 건네다 | ～てほしい ～했으면 좋겠다 | そう 그렇게

해설 여자가 이후에 우선 무엇을 하면 될지 묻는 문제이다. 남자가 첫마디에서 「悪いけど、ちょっと受付の林さ
んに連絡してくれる？(미안하지만, 잠시 접수처의 하야시 씨에게 연락해 줄래?)」라고 부탁한다. 그리고 마지막 남자의
말에서 「きみはあとで会議室の前でお客さんに資料をわたしてほしいんだけど(자네는 나중에 회의실 앞에서 손님
에게 자료를 건네줬으면 좋겠는데)」라고 한다. 질문은 우선 해야 할 일을 고르는 것이므로 접수처에 연락하는 것인 1번이
답이 된다. 회의실 안내는 하야시에게 전할 내용이고 차 준비는 다른 사람이 한다고 한다.

---

2 ◎40

イベントが終わってから男の学生と女の学生が話し
ています。男の学生はこれからまず何をしますか。

男 おつかれさま。出したものを片づけなくちゃね。

이벤트가 끝나고 나서 남학생과 여학생이 이야기하고 있습니
다. 남학생은 이제부터 우선 무엇을 합니까?

남 수고했어. 꺼낸 것을 정리해야겠네.

女	マイクは私が放送室にかえすけど、カメラはだれが持ってきたっけ？	여	마이크는 내가 방송실에 돌려줄 건데, 카메라는 누가 가져왔더라?
男	山本さんのだと思うけど…。この大きいテーブルは？	남	야마모토의 것인 것 같은데…. 이 큰 테이블은?
女	それはここにあったものだからおいといて。いすはとなりの教室にあったから持っていってくれる？	여	그것은 여기에 있던 것이니까 놔 둬. 의자는 옆 교실에 있었으니까 가지고 가 줄래?
男	OK！ぜんぶ片づけたら学生課の人に連絡するよ。	남	OK! 전부 정리하면 학생과 사람에게 연락할게.

男の学生はこれから何をしますか。

1 マイクを放送室にかえす。
2 カメラを山本さんにわたす。
3 となりの教室にいすを持っていく。
4 学生課に連絡する。

남학생은 이제부터 우선 무엇을 합니까?

1 마이크를 방송실에 반납한다.
2 카메라를 야마모토 씨에게 건네준다.
3 옆 교실에 의자를 가지고 간다.
4 학생과에 연락한다.

정답 3

어휘 イベント 이벤트｜終わる 끝나다, 마치다｜〜てから 〜하고 나서｜おつかれさま 수고했어｜出す 내다, 꺼내다｜もの 것, 물건｜片づける 정리하다, 치우다｜マイク 마이크｜放送室 방송실｜かえす 돌려주다｜〜けど 〜인데｜カメラ 카메라｜だれ 누구｜持ってくる 가지고 오다｜〜っけ 〜였더라?｜大きい 크다｜テーブル 테이블｜ある 있다｜〜だから 〜이니까｜おいとく 놔두다｜いす 의자｜となり 옆｜教室 교실｜ぜんぶ 전부｜〜たら 〜하면｜学生課 학생과｜連絡 연락

해설 이벤트 후에 남학생이 무엇을 하면 되는지 묻는 질문이다. 정리를 하는 중인데 마이크는 여자가 방송실에 돌려줄 것이고 카메라는 야마모토의 것이지만 특별한 언급이 없다. 큰 테이블은 원래 있던 것이니까 그대로 두고, 의자에 대해서는 「…いすはとなりの教室にあったから持っていってくれる？（…의자는 옆 교실에 있으니까 가지고 가 줄래?)」라고 부탁하는 부분이 있으므로 답은 3번이 된다.

---

3 🔘 41

男の学生と先生が話しています。男の学生はパンフレットにどの写真を使いますか。

男	この前、大学の景色をとった写真を集めたら、こんなにありました。
先生	うわあ、たくさんあるのね。こんど出すパンフレットに使ったら？
男	はい。山の上からとった写真や、花がたくさん咲いてる広場がいいですかね。
先生	でも学生がだれもいないのは変でしょ。このサッカーの写真は？
男	男だけじゃちょっと…。あ、これどうですか。文化祭の写真。
先生	みんないい顔してるね！これにしよう。

남학생과 선생님이 이야기하고 있습니다. 남학생은 팸플릿에 어느 사진을 사용합니까?

남	요전에 대학교의 경치를 찍은 사진을 모았더니, 이렇게나 있었습니다.
선생님	우와, 많이 있네! 이번에 내는 팸플릿에 쓰는 건 어때?
남	네, 산 위에서 찍은 사진이나, 꽃이 많이 피어 있는 광장이 좋을까요?
선생님	하지만 학생이 아무도 없는 것은 이상하잖아? 이 축구 사진은?
남	남자만 있는 건 좀… 아, 이거 어때요? 학교 축제 사진.
선생님	모두 좋은 표정 짓고 있네! 이걸로 하자.

男の学生はパンフレットにどの写真を使いますか。
1 山の上からとった写真
2 花がたくさん咲いてる広場の写真
3 サッカーの写真
4 文化祭の写真

남학생은 팸플릿에 어느 사진을 사용합니까?
1 산 위에서 찍은 사진
2 꽃이 많이 피어 있는 광장 사진
3 축구 사진
4 문화제 사진

정답 4

어휘 パンフレット 팸플릿 | どの 어느 | 写真 사진 | 使う 사용하다 | この前 요전에 | 大学 대학교 | 景色 경치 | とる 찍다 | 集める 모으다 | こんなに 이렇게(나) | ある 있다 | たくさん 많이 | こんど 이번에 | 出す 내다 | 山 산 | 上 위 | ～から ～로부터 | ～や ～이나 | 花 꽃 | 咲く 피다 | 広場 광장 | いい 좋다 | でも 하지만 | だれも 아무도 | いる 있다 | 変だ 이상하다 | ～でしょ ～이잖아, ~이지? | サッカー 축구 | ～だけ ～만, ~뿐 | ～じゃ ～으로는 | ちょっと 조금, 잠깐 | どうですか 어떻습니까 | 文化祭 문화제 | みんな 모두 | 顔をする 표정을 짓다

해설 팸플릿을 만드는 데 어느 사진을 사용하는지 묻는 문제이다. 남자가 경치 사진을 많이 가져오는데 학생이 아무도 없어서 이상하다고 말한다. 축구 사진에 대해서는 남자뿐이라서 별로이고 결국 남자가 제안하는 학교 축제 사진이 모두 표정도 좋아서 선생님의 동의를 얻는다. 따라서 답은 4번이다.

---

4 ◉ 42

大学の説明会で男の人が話しています。午後はどこに行きますか。

男 今日はあさひ大学にようこそ。これからみなさんの先輩が大学のなかを案内します。ここを10時に出発して図書館と講義室を2つ見ます。そのあと学生食堂でランチを食べてから、午後は音楽室でピアノコンサートを聞く予定です。元々の予定だった体育館でのバレーボールの練習は時間の問題でキャンセルとなりました。帰りは大学のバスが近くの駅まで行きますので、ただでご利用できます。

午後はどこに行きますか。
1 図書館
2 学生食堂
3 音楽室
4 体育館

대학 설명회에서 남자가 이야기하고 있습니다. 오후에는 어디에 갑니까?

남 오늘 아사히 대학교에 잘 오셨습니다. 이제부터 여러분의 선배가 대학 안을 안내하겠습니다. 이곳을 10시에 출발해서 도서관과 강의실을 두 군데 봅니다. 그 후에 학생식당에서 런치를 먹고 나서 오후에는 음악실에서 피아노 콘서트를 들을 예정입니다. 원래 예정이었던 체육관에서의 배구 연습은 시간 문제로 취소되었습니다. 돌아갈 때는 대학의 버스가 근처의 역까지 가므로 공짜로 이용할 수 있습니다.

오후에는 어디에 갑니까?
1 도서관
2 학생 식당
3 음악실
4 체육관

정답 3

어휘 大学 대학교 | 説明会 설명회 | 午後 오후 | ようこそ 환영합니다 | 先輩 선배 | 案内 안내 | 出発 출발 | 図書館 도서관 | 講義室 강의실 | 食堂 식당 | ランチ 런치 | 音楽室 음악실 | 聞く 듣다 | 元々 원래 | 体育館 체육관 | バレーボール 배구 | キャンセル 캔슬, 취소 | 練習 연습 | 予定 예정 | 帰り 돌아갈 때 | 近く 근처 | 駅 역 | ただ 공짜 | 利用 이용 | できる 할 수 있다

해설 질문을 잘 들어야 풀 수 있는 문제이다. 오후에 어디에 가냐는 질문이기 때문에 「…午後は音楽室でピアノコンサートを聞く予定です…(…오후에는 음악실에서 피아노 콘서트를 들을 예정입니다…)」라는 부분을 들으면 비교적 쉽게 3번에 체크할 수 있다.

もんだい 2 ▶ 포인트이해

(**문제유형** 　**포인트이해 (6문항)**

대화나 혼자 말하는 내용을 듣고 포인트를 파악하는 문제이다.

상황 설명과 문제를 듣는다 ➡

선택지를 읽는다(문제지에 인쇄된 선택지 읽을 시간이 주어짐) ➡

본문 대화를 듣는다 ➡ 다시 한 번 문제를 듣는다 ➡

문제지에 인쇄된 선택지를 보고 정답을 고른다

もんだい2　もんだい２では、まず　しつもんを　聞いて　くださ
　　　　　　い。そのあと、もんだいようしを　見て　ください。読
　　　　　　む　時間が　あります。それから　話を　聞いて、もんだ
　　　　　　いようしの　１から４の　中から、いちばん　いい　もの
　　　　　　を　一つ　えらんで　ください。
れい
　　1　たばこを　やめたから
　　2　おさけを　やめたから
　　3　運動を　したから
　　4　よく　ねたから

(**포인트**

먼저 질문이 나오므로 무엇을 묻는지 확실하게 체크해 주는 것이 중요하다. 질문의
형태는 육하원칙(누가, 언제, 어디서, 무엇을, 어떻게, 왜)이 모두 나올 가능성이 있
지만 7개 문항 중에서 절반 정도가 이유나 원인을 묻는 문제가 나올 것이다.

(**학습요령**

「いつ, どうして, 何を」에 집중하며 듣는다. 확실히 말하지 않는 애매한 대화도 나오
기 때문에 말하는 사람의 기분이나 일어난 일의 이유 등을 파악하는 연습이 필요하다.

もんだい2 もんだい２では、まず　しつもんを　聞いて　ください。その　あと、
もんだいようしを　見て　ください。読む　時間が　あります。それから
話を　聞いて、もんだいようしの　１から４の　中から、いちばん　いい
ものを　一つ　えらんで　ください。

1 ◎ 43

1　ジョギング
2　山<ruby>のぼり<rt>やま</rt></ruby>
3　自転車<rt>じ てんしゃ</rt>
4　水泳<rt>すいえい</rt>

2 ◎ 44

1　やちんが　高<rt>たか</rt>かったから
2　部屋<rt>へや</rt>が　狭<rt>せま</rt>かったから
3　古<rt>ふる</rt>かったから
4　きれいで　なかったから

3 ◎ **45**

1 2人

2 3人

3 4人

4 5人

4 ◎ **46**

1 新しい 車

2 友だち

3 時間

4 お金

もんだい2　もんだい２では、まず　しつもんを　聞いて　ください。その　あと、
　　　　　もんだいようしを　見て　ください。読む　時間が　あります。それから
　　　　　話を　聞いて、もんだいようしの　１から４の　中から、いちばん　いい
　　　　　ものを　一つ　えらんで　ください。

1　◎ 47

1　駅前の　本屋
2　学校の　近くの　お店
3　お寺の　中
4　公園

2　◎ 48

1　事故に　あったから
2　約束を　わすれたから
3　電車が　動かなく　なったから
4　ケータイを　家に　おいて　きたから

3　◎49

1　約束が　あるから
2　仕事が　終わらないから
3　明日から　しゅっちょうだから
4　早くから　会議が　あるから

4　◎50

1　今年の　はじめ
2　来年の　はじめ
3　今年の　10月
4　今年の　12月

もんだい2　もんだい2では、まず　しつもんを　聞いて　ください。その　あと、もんだいようしを　見て　ください。読む　時間が　あります。それから　話を　聞いて、もんだいようしの　1から4の　中から、いちばん　いい　ものを　一つ　えらんで　ください。

1　◎ 51

1　レポートを　書く　こと
2　試験の　準備を　する　こと
3　質問に　こたえる　こと
4　資料を　さがす　こと

2　◎ 52

1　朝、5時に　起きて　歩く
2　朝ごはんを　たべる
3　夜、運動する
4　食べ過ぎない

3 ◎ 53

1 あしたの 朝^{あさ}

2 あしたの 夜^{よる}

3 あさっての 朝^{あさ}

4 あさっての 夜^{よる}

4 ◎ 54

1 エアコンを つけたまま 寝^ねたから

2 冷^{つめ}たい 水^{みず}で シャワーを したから

3 あつい お湯^ゆに はいったから

4 かぜの 薬^{くすり}を 飲まなかったから

もんだい2 もんだい２では、まず　しつもんを　聞いて　ください。その　あと、
　　　　　　もんだいようしを　見て　ください。読む　時間が　あります。それから
　　　　　　話を　聞いて、もんだいようしの　１から４の　中から、いちばん　いい
　　　　　　ものを　一つ　えらんで　ください。

1　◎ 55

1　学校で　する　ことが　あったから
2　朝ごはんを　食べないで　家を　出たから
3　元気が　出なかったから
4　友だちと　約束したから

2　◎ 56

1　初めて　作ったから
2　2月14日じゃ　ないから
3　あまり　疲れて　いないから
4　チョコレートが　好きじゃ　ないから

3 ◎ 57

1 経済
けいざい

2 歴史
れきし

3 英語
えいご

4 フランス語
ご

4 ◎ 58

1 車が 多くて 危ないから
くるま おお あぶ

2 近くに 住む 人たちが 反対するから
ちか す ひと はんたい

3 子どもが 少なく なって いるから
こ すく

4 働いて いる お母さんが たくさん いるから
はたら かあ

확인문제 1

문제2에서는 먼저 질문을 들어 주세요. 그 다음 문제용지를 봐 주세요. 읽을 시간이 있습니다. 그리고 이야기를 듣고 문제용지에 1에서 4 중에서 가장 적당한 것을 하나 골라 주세요.

1 ◎ 43

男の人と女の人が話しています。女の人はどんな運動をするつもりですか。

女 ダイエットしようと思って運動を始めたら足が痛くなっちゃった。
男 どんな運動してたの？
女 ジョギングや山登りしたんだけどね。
男 自転車に乗ったらどう。
女 それも足を使うから…。
男 プールならだいじょうぶじゃない？ 水の中で歩いてるだけでもいい運動になるって。
女 そうね。それなら足痛くならないね。

女の人はどんな運動をするつもりですか。

1 ジョギング
2 山のぼり
3 自転車
4 水泳

남자와 여자가 이야기하고 있습니다. 여자는 어떤 운동을 할 생각입니까?

여 다이어트 하려고 생각해서 운동을 시작했더니 다리가 아파졌어.
남 어떤 운동을 했어?
여 조깅이나 등산을 했는데.
남 자전거를 타는 건 어때?
여 그것도 다리를 쓰니까….
남 수영장이라면 괜찮지 않아? 물 속에서 걷는 것만으로도 좋은 운동이 된대.
여 그러네. 그거라면 다리가 아파지지 않겠네.

여자는 어떤 운동을 할 생각입니까?

1 조깅
2 등산
3 자전거
4 수영

정답 4

어휘 運動 운동 | つもり 작정, 생각 | ダイエット 다이어트 | 始める 시작하다 | 足 다리, 발 | 痛い 아프다 | ~ちゃう ~해 버리다 | ジョギング 조깅 | 山登り 등산 | ~けど ~인데, ~이지만 | 自転車 자전거 | 乗る 타다 | ~たらどう？ ~하는 게 어때？ | それ 그것 | 使う 사용하다 | ~から ~이니까 | プール 풀장, 수영장 | ~なら ~라면 | だいじょうぶだ 괜찮다 | 歩く 걷다 | ~だけでも ~만으로도 | って ~래

해설 여자가 앞으로 어떤 운동을 하는지 묻는 문제이다. 지금까지 조깅이나 등산을 했는데 다리가 아파졌다고 하고 자전거도 다리를 쓰기 때문에 별로라고 한다. 남자의「プールなら大丈夫じゃない？（풀장이라면 괜찮지 않아？）」라는 말에 대한 대답으로 여자가「そうね。それなら足痛くならないね(그러네, 그거라면 다리가 아프지 않겠네)」라고 동의를 했으므로 수영이 답이 된다.

2 ◎ 44

男の人と女の人がアパートについて話しています。男の人はどうしてアパートを借りませんでしたか。

女 昨日、見に行ったアパートはどうだった？
男 うん。駅も近くてよかったんだけど…。
女 家賃が高かったの？

남자와 여자가 아파트에 대해서 이야기하고 있습니다. 남자는 왜 아파트를 빌리지 않았습니까?

여 어제 보러 간 아파트는 어땠어?
남 응, 역도 가깝고 좋았는데….
여 월세가 비쌌어?

男 ううん。家賃はそんなに高くなかったけど、部屋が狭かったんだ。あれじゃ、荷物入らないよ。建物は古くてもきれいでよかったのに…。

女 それは、残念だね。

남 아니, 월세는 그렇게 비싸지 않았지만 방이 좁았어. 그래선 짐이 들어갈 수 없어. 건물은 낡아도 깨끗하고 좋았는데….

여 그것 참 유감이네.

男の人はどうしてアパートを借りませんでしたか。

1 家賃が高かったから
2 部屋が狭かったから
3 古かったから
4 きれいでなかったから

남자는 왜 아파트를 빌리지 않았습니까?

1 월세가 비싸서
2 방이 좁아서
3 오래 돼서
4 깨끗하지 않아서

정답 2

어휘 アパート 아파트 | ～について ～에 대해서 | どうして 어째서 | 借りる 빌리다 | 見に行く 보러 가다 | 駅 역 | 近い 가깝다 | よかった 좋았다, 다행이다 | ～けど ～이지만, ～인데 | 家賃 집세, 월세 | 高い 비싸다, 높다 | そんなに 그렇게 | 部屋 방 | 狭い 좁다 | あれじゃ 그것으론, 그래선 | 荷物 짐 | 入る 들어가다 | 建物 건물 | 古い 낡다, 오래되다 | きれいだ 깨끗하다, 예쁘다 | ～のに ～인데

해설 남자가 왜 아파트를 빌리지 않는지 이유를 묻고 있다. 남자의 말을 잘 들어보면 되는데 마지막에 「部屋が狭かったんだ。あれじゃ、荷物入れないのよ。(방이 좁았어. 그래선 짐이 들어갈 수 없어.)」라고 하므로 2번이 답이 된다.

3 ◎45

会社で女の人と男の人が話しています。課長はいま何人で住んでいますか。

女 ねえ、新しく来た課長、どんな人なの?
男 アメリカの会社に5年いたんだって。アメリカの人と結婚もして。
女 お子さんは?
男 1人いて、まだアメリカの大学に通っているらしいよ。
女 じゃ、今はおくさんと2人だけでいるの?
男 ご両親といっしょに住んでいるって聞いたけど…。

課長はいま何人で住んでいますか。

1 2人
2 3人
3 4人
4 5人

회사에서 여자와 남자가 이야기하고 있습니다. 과장님은 지금 몇 명이서 살고 있습니까?

여 있잖아, 새로 온 과장님, 어떤 사람이야?
남 미국 회사에 5년 있었대. 미국인과 결혼도 하고.
여 자제분은?
남 한 명 있고 아직 미국 대학에 다니고 있는 것 같아.
여 그럼, 지금은 사모님과 둘이서만 있는 거야?
남 부모님과 함께 살고 있다고 들었는데….

과장님은 지금 몇 명이서 살고 있습니까?

1 2명
2 3명
3 4명
4 5명

정답 3

어휘 会社 회사 | 課長 과장 | 何人で 몇 명이서 | 住む 살다 | 新しい 새롭다 | どんな 어떤 | アメリカ 미국 | ～だって ～래 | 結婚 결혼 | お子さん 자제분 | まだ 아직 | 大学 대학교 | 通う 다니다 | ～らしい ～인 것 같다 | じゃ 그럼 | おくさん 사모님 | ～だけ ～만 | ご両親 부모님 | いっしょに 함께 | 聞く 듣다 | ～けど ～인데, ～이지만

해설 과장님이 지금 몇 명이서 살고 있는지 묻고 있다. 미국인과 결혼을 해서 자녀도 한 명이 있는데 아직 미국 학교에 다니고 있다고 한다. 그래서 여자가 지금은 사모님과 둘이서 사느냐고 물어봤는데, 남자가 마지막에「ご両親といっしょに住んでいるって聞いたけど(부모님과 함께 살고 있다고 들었는데)」라고 하므로 사모님과 부모님 두 분과 함께 산다는 것을 알 수 있다. 따라서 답은 3번이 된다.

---

4 ◎ 46

男の人と女の人が話しています。男の人は今何が必要ですか。

女 このごろ忙しい？
男 もう、仕事が忙しくて死にそう。新しく車を買ったのにどこにも行けないよ。
女 へえ。お金がもうかっていいじゃない。
男 友だちにも会えないしね。お金より時間がほしいよ。
女 いいな。わたしなんか時間はたくさんあるのに、お金がぜんぜんないの。

男の人はいま何が必要ですか。
1 新しい車
2 友だち
3 時間
4 お金

남자와 여자가 이야기하고 있습니다. 남자는 지금 무엇이 필요합니까?

여 요즘 바빠?
남 정말이지, 일이 바빠서 죽을 것 같아. 새로 차를 샀는데 아무데도 갈 수가 없어.
여 오오. 돈 벌어서 좋잖아.
남 친구도 못 만나고, 돈보다 시간이 필요해.
여 좋겠네. 나 같은 경우는 시간은 많이 있는데 돈이 전혀 없어.

남자는 지금 무엇이 필요합니까?
1 새 차
2 친구
3 시간
4 돈

정답 3

어휘 必要だ 필요하다 | 忙しい 바쁘다 | もう 정말이지 | 仕事 일 | 死にそうだ 죽을 것 같다 | 新しい 새롭다 | 車 차 | 買う 사다 | ～のに ～인데도, ～인데 | お金 돈 | もうかる (돈이) 벌리다 | ～より ～보다 | 時間 시간 | ほしい 원하다, 갖고 싶다 | ～なんか ～같은 것, ～따위 | ぜんぜん 전혀

해설 남녀의 대화에서 남자가 지금 필요한 것이 무엇이냐는 질문이다. 최근에 차를 샀지만 일이 바빠서 친구도 만나지 못한다는 내용이 나오고 마지막에「お金より時間がほしいよ。(돈보다 시간이 필요해)」라는 부분이 나오므로 3번이 답이 된다.

확인문제 2

문제2에서는 먼저 질문을 들어 주세요. 그 다음 문제용지를 봐 주세요. 읽을 시간이 있습니다. 그리고 이야기를 듣고 문제용지에 1에서 4 중에서 가장 적당한 것을 하나 골라 주세요.

---

1 ◎ 47

男の人と女の人が話しています。2人は子どものころどこでよく遊びましたか。

男 このまちはぜんぜん変わってないね。

女 ほんと、駅前の本やさんも、学校の近くのお店もそのまんま！

男 子どものころはお寺のなかで、よく遊んだね。

女 そうそう。くつをはいたままへやの中に入っておこられたり。

男 あれ、ぼくたちと同じくらいだった公園の桜の木が、あんなに大きくなってるよ！

2人は子どものころどこでよく遊びましたか。
1 駅前の本屋
2 学校の近くのお店
3 お寺の中
4 公園

남자와 여자가 이야기하고 있습니다. 두 사람은 어릴 때 어디에서 자주 놀았습니까?

남 이 마을은 전혀 변하지 않았네.

여 정말, 역 앞의 서점도 학교 근처의 가게도 그대로!

남 어릴 때는 절 안에서 자주 놀았었지.

여 맞아 맞아. 신발을 신은 채로 방 안에 들어가서 혼나거나.

남 어, 우리들과 비슷한 정도였던 공원의 벚나무가 저렇게 컸어!

두 사람은 어릴 때 어디에서 자주 놀았습니까?
1 역 앞 책방
2 학교 근처 가게
3 절 안
4 공원

> **정답** 3
>
> **어휘** 2人 두 사람 | 子ども 아이, 어린이 | ころ ~경, 무렵 | どこ 어디 | よく 자주, 잘 | 遊ぶ 놀다 | まち 마을 | ぜんぜん 전혀 | 変わる 변하다 | ほんと 정말 | 駅前 역 앞 | 本やさん 서점 | 学校 학교 | 近く 근처 | お店 가게 | そのまんま 그대로 | お寺 절 | なか 안, 속 | そうそう 맞아 맞아 | くつ 구두, 신발 | はく 신다 | ~たまま ~한 채 | へや 방 | 入る 들어가다 | おこられる 혼나다 | ~たり ~하기도 하고 | ぼくたち 우리들 | 同じくらい 비슷한 정도 | 公園 공원 | 桜の木 벚나무 | 大きい 크다
>
> **해설** 어릴 때 두 사람이 자주 놀던 곳이 어디인지 묻는 문제이다. 서점이나 학교 근처 가게들은 옛날과 변함이 없다고 한 것뿐이므로 오답이고, 남자의 두 번째 말에서「子どものころはお寺のなかで、よく遊んだね。(어릴 땐 절 안에서 자주 놀았었지)」라고 하므로 3번이 답이 된다.

---

2 ◎ 48

男の人と女の人が話しています。女の人はどうして電話しませんでしたか。

女 もしもし、ごめん。ずいぶん待ったでしょ？

男 電話しても出ないし。事故でもあったのかって心配したよ。

女 約束をわすれたんじゃないのよ。電車に乗ってたら急に動かなくなって。

男 だったら電話してくれればいいのに。

남자와 여자가 이야기하고 있습니다. 여자는 어째서 전화하지 않았습니까?

여 여보세요, 미안해. 꽤 기다렸지?

남 전화해도 받지 않고, 사고라도 났나 해서 걱정했어.

여 약속을 잊은 게 아니야. 전철을 타고 있었는데 갑자기 움직이지 않게 되어서.

남 그럼 전화 좀 해 주지.

女 ケータイ家においてきちゃったのよ。今、駅で電話
　　ボックスからかけてるの。
男 なーんだ。じゃ今から駅にいくよ。

女の人はどうして電話しませんでしたか。
1 事故にあったから
2 約束をわすれたから
3 電車が動かなくなったから
4 ケータイを家においてきたから

여 　휴대전화를 집에 두고 와 버렸거든. 지금 역에서 공중전화
　　로 걸고 있어.
남 　뭐야, 그럼 지금 역으로 갈게.

여자는 어째서 전화하지 않았습니까?
1 사고가 나서
2 약속을 잊어서
3 전철이 움직이지 않아서
4 휴대폰을 집에 두고 와서

정답 4

어휘 電話 전화 | ごめん 미안 | ずいぶん 꽤, 상당히 | 待つ 기다리다 | ~でしょ ~지? | ~ても ~해도 | 出る (전화를)받다 | ~し ~이기도 하고 | 事故 사고 | あう 겪다, 당하다 | 心配 걱정 | 約束 약속 | わすれる 잊다, 까먹다 | 電車 전철 | 乗る 타다 | 急に 갑자기 | 動く 움직이다 | だったら 그럼 | ~てくれる ~해 주다 | ~ばいい ~하면 된다 | ~のに ~인데 | ケータイ 휴대전화 | 家 집 | おいてくる 두고 오다 | 電話ボックス 공중전화 박스 | かける 걸다

해설 여자가 왜 전화를 하지 못했는지 이유를 찾는 문제이다. 전철이 갑자기 움직이지 않게 되어서 늦어 버렸는데 전화를 못 한 이유는 여자의 마지막 말에 답이 있다. 「ケータイ家においてきちゃったのよ。(휴대폰을 집에 두고 와 버렸어.)」라고 했으므로 4번이 답이 된다.

---

3 ◎49

会社で男の人と女の人が 話しています。女の人はど
うしてコンサートに行かないのですか。

男 ねえ、今日、仕事終わってほかに約束なければコン
　　サートに行かない？
女 ごめん。今日は早く帰りたいの。明日から出張なの
　　よ。
男 わ、忙しいんだね。
女 今朝も早くから会議だったし。
男 大変なんだね。
女 うん。今週はね。

女の人はどうしてコンサートに行かないのですか。
1 約束が　あるから
2 仕事が　終わらないから
3 明日から　出張だから
4 早くから　会議が　あるから

회사에서 남자와 여자가 이야기하고 있습니다. 여자는 왜 콘서
트에 가지 않는 겁니까?

남 　있잖아, 오늘, 일 끝나고 다른 약속 없으면 콘서트에 가지 않
　　을래?
여 　미안, 오늘은 일찍 돌아가고 싶어. 내일부터 출장이거든.
남 　와, 바쁘구나.
여 　오늘 아침에도 일찍부터 회의였고.
남 　힘들겠구나.
여 　응. 이번 주는.

여자는 왜 콘서트에 가지 않는 겁니까?
1 약속이 있어서
2 일이 끝나지 않아서
3 내일부터 출장이라서
4 일찍부터 회의가 있어서

정답 3

어휘 コンサート 콘서트 | 仕事 일, 업무 | 終わる 끝나다 | 約束 약속 | 〜なんか 〜같은 것, 〜따위 | 〜ば 〜하면 | ごめん 미안 | 早く 일찍, 빨리 | 帰る 귀가하다 | 〜たい 〜하고 싶다 | 出張 출장 | 忙しい 바쁘다 | 〜し 〜이기도 하고 | 大変だ 힘들다, 큰일이다 | 今週 이번 주

해설 여자가 콘서트에 가지 못하는 이유를 묻는 문제인데, 여자의 말을 잘 들어보면 되겠다. 남자의 제안에 여자가 첫 부분에 「ごめん、今日は早く帰りたいの。明日から出張なのよ。(미안, 오늘은 일찍 돌아가고 싶어. 내일부터 출장이거든)」이라는 부분에 답이 있다. 답은 3번이 되는데, 여기서 주의할 점은 여자의 두 번째 말에서 「今朝も早くから会議だったし(오늘 아침에도 일찍부터 회의였고)」라는 부분이 있는데 「〜し(〜이기도 하고)」라는 표현은 이유를 덧붙이는 표현이므로 대체로 오답에 해당한다.

---

4 ◎ 50

ニュースのアナウンサーが話しています。パンダの赤ちゃんはいつ見ることができますか。

男　12時のニュースです。きょう東京動物園でパンダの赤ちゃんが生まれました。日本では今年はじめてのうれしい知らせです。赤ちゃんはこのあと6か月くらいお母さんと過ごして、来年はじめに見ることができます。動物園では10月までに皆さんがつけてくれた名前の中からひとつ選んで、12月にホームページでお知らせする予定です。

パンダの赤ちゃんはいつ見ることができますか。
1　今年のはじめ
2　来年のはじめ
3　今年の10月
4　今年の12月

뉴스 아나운서가 이야기하고 있습니다. 아기 판다는 언제 볼 수 있습니까?

남　12시 뉴스입니다. 오늘 도쿄동물원에서 아기 판다가 태어났습니다. 일본에서 올해 첫 기쁜 소식입니다. 아기 판다는 앞으로 6개월 정도 엄마와 지내고 내년 초에 볼 수 있습니다. 동물원에서는 10월까지 여러분이 붙여 준 이름 중에서 하나를 선택해서 12월에 홈페이지에서 알려 드릴 예정입니다.

아기 판다는 언제 볼 수 있습니까?
1　올해 초
2　내년 초
3　올해 10월
4　올해 12월

정답 2

어휘 ニュース 뉴스 | アナウンサー 아나운서 | パンダ 판다 | 赤ちゃん 아기 | 〜ことができる 〜할 수 있다 | 〜時 〜시 | 東京 도쿄(지명) | 動物園 동물원 | 生まれる 태어나다 | 日本 일본 | はじめて 처음 | うれしい 기쁘다 | 知らせ 소식, 알림 | 〜くらい 〜정도 | お母さん 어머니, 엄마 | 過ごす 지내다 | 来年 내년 | はじめ 초 | 〜月 〜월 | 〜までに 〜까지 | つける 붙이다 | 〜てくれる 〜해 주다 | 選ぶ 고르다 | ホームページ 홈페이지 | お知らせする 알려 드리다 | 予定 예정

해설 오늘 태어난 아기 판다를 언제부터 볼 수 있는지 묻고 있다. 세 번째 문장에서 「赤ちゃんはこのあと6か月くらいお母さんと過ごして、来年はじめに見ることができます(아기 판다는 앞으로 6개월정도 엄마와 지내고 내년 초에 볼 수 있습니다)」라고 했으므로 2번이 답인 것을 알 수 있다.

문제2에서는 먼저 질문을 들어 주세요. 그 다음 문제용지를 봐 주세요. 읽을 시간이 있습니다. 그리고 이야기를 듣고 문제용지에 1에서 4 중에서 가장 적당한 것을 하나 골라 주세요.

1 (◎) 51

^{おとこ}男の^{がくせい}学生と^{おんな}女の^{がくせい}学生が^{はな}話しています。^{おとこ}男の^{がくせい}学生は^{なに}何をたのみましたか。

男　いま、レポートを^か書いてるんだけど、ちょっとお^{ねが}願いしてもいい？

女　^{わたし}私も^{しけん}試験の^{じゅんび}準備があるから、あんまり^{じかん}時間がないけど、どんなこと？

男　この^{しつもん}質問に^{こた}答えてほしいんだけど。

女　たくさんあるのね。いつまで？

男　ほかに^{しりょう}資料もさがさなくちゃならないから、1^{しゅうかん}週間くらいでできる？

女　わかった。じゃ^{らいしゅう}来週の^{げつよう}月曜ね。

^{おとこ}男の^{がくせい}学生は^{なに}何をたのみましたか。
1　レポートを^か書くこと
2　^{しけん}試験の^{じゅんび}準備をすること
3　^{しつもん}質問にこたえること
4　^{しりょう}資料をさがすこと

남학생과 여학생이 이야기하고 있습니다. 남학생은 무엇을 부탁했습니까?

남　지금 리포트를 쓰고 있는데, 부탁 좀 해도 괜찮아?
여　나도 시험 준비가 있어서 별로 시간이 없는데 어떤 거야?
남　이 질문에 대답해 줬으면 좋겠는데.
여　많이 있네. 언제까지?
남　따로 자료도 찾아야 하니까, 일주일 정도면 가능할까?
여　알겠어. 그럼 다음 주 월요일에 봐.

남학생은 무엇을 부탁했습니까?
1　리포트를 쓰는 것
2　시험 준비를 하는 것
3　질문에 대답하는 것
4　자료를 찾는 것

정답　3

어휘　たのむ 부탁하다 | レポート 리포트 | 書く 쓰다 | ~けど ~인데, ~이지만 | ちょっと 조금, 잠시 | お願い 부탁 | ~てもいい ~해도 된다 | 試験 시험 | 準備 준비 | あんまり 그다지 | 時間 시간 | どんな 어떤 | 質問 질문 | 答える 대답하다 | ~てほしい ~했으면 좋겠다 | たくさん 많이 | いつ 언제 | ~まで ~까지 | ほかに 그 외에 | 資料 자료 | さがす 찾다 | ~なくちゃならない ~하지 않으면 안 된다 | ~くらいで ~정도 만에 | できる 가능하다 | 来週 다음 주

해설　남자가 리포트를 쓰는 중에 여자에게 도움을 청했다. 남자의 두 번째 말에 「この質問に答えてほしいんだけど。(이 질문에 답해 줬음 좋겠는데)」라는 부분이 있으므로 답은 3번이 된다. 참고로 「~てほしい」라는 표현은 '~해 주길 바란다'는 뜻으로 부탁할 때 쓰는 표현이다.

2 (◎) 52

^{おとこ}男の^{ひと}人と^{おんな}女の^{ひと}人が^{はな}話しています。^{おとこ}男の^{ひと}人は^{けんこう}健康のために^{なに}何をしていますか。

男　このごろ^{けんこう}健康のために^{なに}何かやってる？

女　^{まいあさ}毎朝5^じ時に^お起きて1^{じかん}時間くらいあいてる。

男　すごいね。ぼくは7^じ時^{まえ}前に^お起きたことないよ。

女　^{あさはや}朝早くおきるとごはんもおいしいし、^{きぶん}気分がいいよ。

남자와 여자가 이야기하고 있습니다. 남자는 건강을 위해서 무엇을 하고 있습니까?

남　요즘 건강을 위해서 뭔가 하고 있어?
여　매일 아침 5시에 일어나서 한 시간 정도 걷고 있어.
남　굉장하네. 나는 7시 전에 일어난 적 없어.
여　아침 일찍 일어나면 밥도 맛있고, 기분이 좋아.

男 朝はごはん食べないんだ。かわりに夜、運動してからいっぱい食べてる。

女 夜の運動以外は体に悪いことばかりね。食べ過ぎないでね。

男の人は健康のために何をしていますか。

1 朝、5時に起きて歩く。
2 朝ごはんを食べる。
3 夜、運動する。
4 食べ過ぎない。

남 아침에는 밥 안 먹어. 대신 밤에 운동하고 나서 많이 먹고 있어.

여 밤에 운동하는 것 이외에는 몸에 나쁜 것뿐이네. 너무 많이 먹지마.

남자는 건강을 위해서 무엇을 하고 있습니까?

1 아침 5시에 일어나서 걷는다.
2 아침 밥을 먹는다.
3 밤에 운동을 한다.
4 과식하지 않는다.

정답 3

어휘 健康 건강 | ために 위해서 | このごろ 요즘 | 何か 뭔가 | やる 하다 | 毎朝 매일 아침 | 起きる 일어나다 | ~時間 ~시간 | ~くらい ~정도 | あるく 걷다 | すごい 굉장하다 | ~前に ~전에 | ~たことがない ~한 적이 없다 | 朝早く 아침 일찍 | おいしい 맛있다 | ~し ~이기도 하고 | 気分 기분 | かわりに 대신에 | 夜 밤 | 運動 운동 | いっぱい 많이, 가득 | 以外 이외 | 体に悪い 몸에 나쁘다 | ~ばかり ~뿐, ~만 | 食べ過ぎる 과식하다, 너무 많이 먹다 | ~ないで ~하지 마

해설 건강을 위해서 남자가 하고 있는 일이 무엇인지 물었다. 이런 문제유형의 경우 남자의 말을 잘 들어야 하는데, 오답인 1, 2번은 여자에게 해당하는 내용이고, 남자가 마지막 말에서 「かわりに夜、運動してから(대신 밤에 운동을 하고나서)」라는 부분이 있으므로 3번이 답인 것을 알 수 있다.

3 ◎53

天気予報を聞いています。かさはいつ準備すればいいと言っていますか。

女 天気予報をお伝えします。あしたは朝から天気がいいですが、風がつよいでしょう。夜になると雲が多くなります。あさっては朝のうちは雲が多く、午後から雨がふるでしょう。おでかけのかたは朝家を出る時にかさを準備したほうがいいと思います。おそくなって雨はやむでしょう。

かさはいつ準備すればいいと言っていますか。

1 あしたの朝
2 あしたの夜
3 あさっての朝
4 あさっての夜

일기예보를 듣고 있습니다. 우산은 언제 준비하면 된다고 하고 있습니까?

여 일기예보를 전해 드리겠습니다. 내일은 아침부터 날씨가 좋습니다만, 바람이 강할 것입니다. 밤이 되면 구름이 많아집니다. 모레는 아침 동안은 구름이 많고, 오후부터 비가 내릴 것입니다. 외출하시는 분은 아침에 집을 나설 때 우산을 준비하는 편이 좋을 것 같습니다. 늦게 비는 그칠 것입니다.

우산은 언제 준비하면 된다고 하고 있습니까?

1 내일 아침
2 내일 밤
3 모레 아침
4 모레 밤

정답 3

어휘 天気予報_{てんきよほう} 일기예보 | 聞く_き 듣다 | かさ 우산 | 準備_{じゅんび} 준비 | 〜ばいい 〜하면 되다 | 伝える_{つた} 전하다 | 天気_{てんき} 날씨 | 風_{かぜ} 바람 | つよい 강하다 | 〜でしょう 〜일 것입니다, 〜겠지요 | 夜_{よる} 밤 | 〜になる 〜이 되다 | 雲_{くも} 구름 | 多い_{おお} 많다 | あさって 모레 | うち 동안 | 午後_{ごご} 오후 | 雨_{あめ} 비 | ふる (비가) 내리다 | おでかけ 외출 | かた 분(사람) | 家を出る_{いえ で} 집을 나오다 | 〜たほうがいい 〜하는 편이 좋다 | 〜と思う_{おも} 〜라고 생각하다 | おそくなる 늦어지다 | やむ 그치다

해설 일기예보를 들으며 우산을 언제 준비해야 하는지에 초점을 맞춰 들어야 하는 문제이다. 내일 저녁부터 흐려지고 모레 오후부터 비가 오기 시작하는데 「あさっては午後から雨がふるでしょう。おでかけのかたは朝家を出る時にかさを準備したほうが…(모레는 오후부터 비가 내릴 것입니다. 외출하시는 분은 아침에 집을 나올 때 우산을 준비하는 편이…)」라고 하므로 모레 아침에 우산을 챙겨야 한다는 것을 알 수 있다. 따라서 정답은 3번이 된다.

---

4 ◎ 54

病院_{びょういん}で医者_{いしゃ}と女_{おんな}の人_{ひと}が話_{はな}しています。女_{おんな}の人_{ひと}はどうしてかぜをひきましたか。

医者_{いしゃ} どうしましたか。
女_{おんな} 熱_{ねつ}があって、頭_{あたま}がいたいんです。
医者_{いしゃ} 風邪_{かぜ}ですね。夜_{よる}エアコンをつけたまま寝_ねると風邪_{かぜ}をひきやすくなりますよ。
女_{おんな} きのうはエアコンをつけないで、冷_{つめ}たい水_{みず}でシャワーをして寝_ねたんですけど。
医者_{いしゃ} 冬_{ふゆ}じゃなくても、おふろはあついお湯_ゆにゆっくり入_{はい}らないとね。シャワーしたあと体_{からだ}が冷_{つめ}たくなりますから。お薬_{くすり}をあげましょう。

女_{おんな}の人_{ひと}はどうしてかぜをひきましたか。
1 エアコンをつけたまま寝_ねたから
2 冷_{つめ}たい水_{みず}でシャワーをしたから
3 あついお湯_ゆに入_{はい}ったから
4 かぜの薬_{くすり}を飲_のまなかったから

병원에서 의사와 여자가 이야기하고 있습니다. 여자는 어째서 감기에 걸렸습니까?

의사 무슨 일이십니까?
여 열이 있고 머리가 아파요.
의사 감기군요. 밤에 에어컨을 켠 채 자면 감기에 걸리기 쉬워져요.
여 어제는 에어컨을 켜지 않고 찬물로 샤워를 하고 잤는데요.
의사 겨울이 아니어도 목욕은 뜨거운 물에 천천히 해야 돼요. 샤워한 후에 몸이 차가워지니까요. 약을 드리죠.

여자는 어째서 감기에 걸렸습니까?
1 에어컨을 켠 채로 자서
2 차가운 물로 샤워를 해서
3 뜨거운 물에 입욕해서
4 감기 약을 먹지 않아서

정답 2

어휘 病院_{びょういん} 병원 | 医者_{いしゃ} 의사 | 風邪_{かぜ}をひく 감기에 걸리다 | どうしましたか 무슨 일입니까? | 熱_{ねつ} 열 | 頭_{あたま} 머리 | いたい 아프다 | 夜_{よる} 밤 | エアコン 에어컨 | つける 켜다 | 〜たまま 〜한 채 | 寝る_ね 자다 | 〜やすい 〜하기 쉽다 | 冷たい_{つめ} 차갑다 | 水_{みず} 물 | シャワー 샤워 | 〜けど 〜인데, 〜이지만 | 冬_{ふゆ} 겨울 | 〜ても 〜해도 | おふろ 목욕, 욕조 | あつい 뜨겁다 | お湯_ゆ 뜨거운 물 | ゆっくり 천천히 | 入る_{はい} 들어가다 | 〜ないと 〜하지 않으면, 〜해야 하다 | 〜たあと 〜한 후에 | 体_{からだ} 몸 | 〜から 〜니까 | お薬_{くすり} 약 | あげる 주다

해설 여자가 왜 감기에 걸렸는지 묻는 문제이다. 여자의 두 번째 말에서 「きのうはエアコンをつけないで、冷たい水でシャワーをして寝たんですけど(어제는 에어컨을 켜지 않고 찬 물로 샤워를 하고 잤는데요)」라고 하는데, 남자가 「冬じゃなくても、おふろはあついお湯にゆっくり入らないとね。(겨울이 아니어도 목욕은 뜨거운 물에 천천히 해야 돼요.)」라고 답하므로, 찬물로 샤워를 한 것이 원인인 것을 알 수 있다. 정답은 2번이다.

확인문제 4

문제2에서는 먼저 질문을 들어 주세요. 그 다음 문제용지를 봐 주세요. 읽을 시간이 있습니다. 그리고 이야기를 듣고 문제용지에 1 에서 4 중에서 가장 적당한 것을 하나 골라 주세요.

1 ◎ 55

男の学生と女の学生が話しています。男の学生はどうして早く着きましたか。

女 あら、ずいぶん早いのね。学校で何かすることがあるの？

男 そうじゃないけど。朝ごはん食べないで家を出たら早く着いちゃった。

女 ごはん食べなかったら元気が出ないでしょ。よかったらこのパン食べる？

男 ありがとう。じゃあ、飲みもの買ってこようか。

女 家からコーヒーを持ってきたの。あなたも飲む？

男 ぼくはジュースでも買ってくるよ。

男の学生はどうして早く着きましたか。
1 学校ですることがあったから
2 朝ごはんを食べないで家を出たから
3 元気が出なかったから
4 友だちと約束したから

남학생과 여학생이 이야기하고 있습니다. 남학생은 어째서 일찍 도착했습니까?

여 어머, 꽤 일찍왔네. 학교에서 뭔가 할 일이 있어?

남 그런 건 아니지만 아침밥을 먹지 않고 집을 나왔더니 일찍 도착해버렸어.

여 밥을 안 먹으면 기운이 나지 않잖아? 괜찮으면 이 빵 먹을래?

남 고마워. 그럼, 음료 사 올까?

여 집에서 커피 가져왔어. 너도 마실래?

남 나는 주스라도 사 올게.

남학생은 어째서 일찍 도착했습니까?
1 학교에서 할 일이 있어서
2 아침을 먹지 않고 집을 나와서
3 기운이 나지 않아서
4 친구와 약속을 해서

정답 2

어휘 早く 일찍 | 着く 도착하다 | あら 어머 | ずいぶん 꽤, 상당히 | そうじゃない 그렇지 않다 | 〜けど 〜이지만, 인데 | 朝ごはん 아침밥 | 〜ないで 〜하지 않고 | 出る 나오(가)다 | 〜たら 〜하면 | 〜ちゃう 〜해 버리다 | 元気 기운, 힘 | 〜でしょ 〜이지? 잖아? | よかったら 괜찮으면 | パン 빵 | 飲みもの 마실 것, 음료 | 買ってくる 사오다 | 〜ようか 〜할까 | 〜から 〜로부터 | 持ってくる 가져오다 | ぼく 나 | ジュース 주스 | 〜でも 〜라도

해설 질문에서 남자가 일찍 온 이유를 묻는데, 남자의 말 속에 답이 있다. 남자의 첫마디에서 「朝ごはん食べないで家を出たら早く着いちゃった。(아침을 먹지 않고 나왔더니 일찍 도착해 버렸어)」라고 하므로 2번이 정답임을 알 수 있다.

2 ◎ 56

男の人と女の人が話しています。男の人はどうしてチョコレートを食べなかったのですか。

女 ねえ、これはじめて作ってみたんだけど食べてみて。

男 あれ、チョコレート！きょうは2月14日じゃないけど。

女 何いってるの。運動のあとは甘いものがいいっていうからよ。

男 疲れたら甘いものが食べたくなるって言うけど、ごめん。チョコだめなんだ。

女 そうなの？じゃ、これは私がたべちゃおっと。

남자와 여자가 이야기하고 있습니다. 남자는 왜 초콜릿을 먹지 않았습니까?

여 있잖아, 이거 처음 만들어 봤는데 먹어 봐.

남 어라, 초콜릿! 오늘은 2월 14일이 아닌데.

여 무슨 말 하는 거야? 운동 후에는 단것이 좋다고 하니까.

남 피곤하면 단것이 먹고 싶어진다고 하지만, 미안. 초콜릿은 안 좋아해.

여 그래? 그럼, 이건 내가 먹어 버려야지.

男の人はどうしてチョコレートを食べなかったのですか。
1 初めて作ったから
2 2月14日じゃないから
3 あまり疲れていないから
4 チョコレートが好きじゃないから

남자는 왜 초콜릿을 먹지 않았습니까?
1 처음 만들어서
2 2월 14일이 아니라서
3 별로 피곤하지 않아서
4 초콜릿을 좋아하지 않아서

정답 4

어휘 チョコレート 초콜릿 | ねえ 있잖아 | はじめて 처음 | 作る 만들다 | ～てみる ～해 보다 | ～けど ～인데, 이지만 | 運動 운동 | あと 후, 나중 | 甘い 달다 | ～から ～이니까 | 疲れる 지치다 | ～たら ～하면 | ごめん 미안 | だめだ 안 된다, 무리다 | ～ちゃう ～해 버리다

해설 남자가 초콜릿을 먹지 않는 이유를 묻는 질문이다. 남자가 마지막 말에서 「ごめん。チョコだめなんだ(미안, 초콜릿 못 먹어)」라는 부분을 듣고 풀면 되는데 「だめだ」라는 표현은 '안 된다, 소용없다, (하고 싶어도)무리다' 등의 의미를 가지고 있다. 여기서는 '무리다, 힘들다'라는 의미로 이해하고 풀면 되겠다.

---

3 🎧 57

学校で男の学生と女の学生が話しています。男の学生はどの科目ができませんでしたか。

女 試験はどうだった？経済の問題がむずかしかったけど。
男 そんなに悪くはなかったな。歴史はおぼえていたことが出たし。
女 英語は？問題がすごく多かったでしょ。
男 そうなんだよ。半分くらいしかできなかった。
女 あの先生はいつもそう。フランス語みたいにかんたんにすればいいのに。

男の学生はどの科目ができませんでしたか。
1 経済
2 歴史
3 英語
4 フランス語

학교에서 남학생과 여학생이 이야기하고 있습니다. 남학생은 어느 과목을 못했습니까?

여 시험은 어땠어? 경제 문제가 어려웠는데….
남 그렇게 나쁘지는 않았어. 역사는 외웠던 것이 나오기도 했고.
여 영어는? 문제가 엄청 많았지?
남 맞아. 절반 정도밖에 못했어.
여 그 선생님은 늘 그래. 프랑스어처럼 간단하게 하면 좋을 텐데.

남학생은 어느 과목을 못했습니까?
1 경제
2 역사
3 영어
4 프랑스 어

정답 3

어휘 科目 과목 | できる 할 수 있다, 해내다 | 試験 시험 | どう 어때, 어떻게 | 経済 경제 | 問題 문제 | むずかしい 어렵다 | ～けど ～지만, ～인데 | そんなに 그렇게 | 悪い 나쁘다 | 歴史 역사 | おぼえる 외우다 | 出る 나오다 | 英語 영어 | すごく 굉장히, 매우 | 多い 많다 | ～でしょ ～지? ～잖아? | 半分 절반 | ～くらい ～정도 | ～しか ～밖에 | ～みたい ～인 것 같아 | いつも 평소, 늘 | そう 그래 | フランス語 프랑스어 | ～みたいに ～처럼 | かんたんだ 간단하다, 쉽다 | ～ばいい ～하면 된다 | ～のに ～인데

해설 남자가 못 본 과목이 무엇인지 묻고 있다. 경제는 어려웠지만 남자는 나쁘지 않았다고 했고, 역사는 외우고 있던 부분이 나왔다고 한다. 그런데 여자가 영어 문제가 아주 많았지 않았냐고 물어보니 「そうなんだよ。半分くらいしかできなかったみたい(그래. 절반 정도밖에 못한 것 같아)」라고 동의를 하므로 답은 3번인 것을 알 수 있다.

4 ◎ 58

男の人と女の人が話しています。ようちえんはどうしてできなくなりましたか。

女 公園のとなりにようちえんができるって聞いたけど、だめになったらしいよ。

男 そう？あそこは車が多くて危ないからかな。

女 子どもの声でうるさくなるから、近くに住む人たちが反対したって。

男 ええ？そんなことで？このごろは子どもも少なくなってるのに。

女 働いてるお母さんもたくさんいるから、必要だと思うけどね。

ようちえんはどうしてできなくなりましたか。
1 車が多くて危ないから
2 近くに住む人たちが反対するから
3 子どもが少なくなっているから
4 働いているお母さんがたくさんいるから

남자와 여자가 이야기하고 있습니다. 유치원은 왜 생기지 않게 되었습니까?

여 공원 옆에 유치원이 생긴다고 하더니, 안 생기는듯해.

남 그래? 그곳은 차가 많아서 위험하려나.

여 아이들 소리로 시끄러워지니까 근처에 사는 사람들이 반대했대.

남 어? 그런 일로? 요즘은 아이들도 적어지고 있는데.

여 일하는 어머니도 많이 있으니까 필요하다고 생각하는데 말이야.

유치원은 왜 생기지 않게 되었습니까?
1 차가 많고 위험해서
2 근처에 사는 사람들이 반대해서
3 아이들이 적어져서
4 일하는 어머니가 많기 때문에

정답 2

어휘 ようちえん 유치원 | できる 생기다, 할 수 있다 | 公園 공원 | となり 옆 | 〜って 〜라고 | 聞く 듣다 | だめになる 안되게 되다 | 〜らしい 〜라는 것 같다 | あそこ 저곳, 그곳 | 車 차 | 多い 많다 | 危ない 위험하다 | 声 목소리 | うるさい 시끄럽다 | 近く 근처 | 住む 살다 | 反対 반대 | 〜って 〜래 | このごろ 요즘 | 少ない 적다 | 〜のに 〜인데 | 働く 일하다 | お母さん 어머니 | 必要だ 필요하다 | 〜と思う 〜라고 생각하다 | 〜けど 〜인데, 〜이지만

해설 유치원이 생기지 않는 이유에 대한 문제이다. 여자의 두 번째 말에「子どもの声でうるさくなるから、近くに住む人たちが反対したって。(아이들 소리로 시끄러워지니까, 근처에 사는 사람들이 반대했대.)」라는 부분이 있는데 마지막의「〜って(〜이래)」라는 부분에서 어디선가 듣고 온 말을 그대로 전하고 있다는 것을 알 수 있으므로, 답은 2번이 된다.

もんだい3 ▶ 발화표현

🔵 **문제유형**　**발화표현 (5문항)**

일러스트를 보며 상황 설명을 듣고 상황에 맞는 적절한 표현을 찾는 문제이다.

> 상황 설명과 문제를 듣는다　➡　세 개의 선택지를 듣고 정답을 고른다

もんだい3　もんだい3では、えを　見ながら　しつもんを　聞いて
ください。➡ (やじるし)の　人は　何と　言いますか。
1から3の　中から、いちばん　いい　ものを　一つ　え
らんで　ください。

れい

🔵 **포인트**

〈もんだい3〉은 일러스트에서 화살표가 가리키는 사람이 해야 하는 말을 고르는 문
제인데 일상생활에서의 장면들이 골고루 출제된다. 부탁하기, 권유하기, 허가 구하
기, 남에게 주의 주기 그리고 인사말 등에서 출제가 된다.

🔵 **학습요령**

〈もんだい3〉 발화표현에서는 화자의 발화가 장면이나 상황에 맞는지를 판단하는
문제로 실제의 대화에서 장면이나 상황에 맞는 회화를 할 수 있는 힘을 길러 둡시
다. 특히 부탁할 때 쓰는 말과 인사말(감사, 사과, 위로) 등이 자주 출제되며, 일러스
트만 보고 화살표가 가리키는 사람이 어떤 말을 하면 좋을지 말해 보는 연습을 하
는 것도 효과적이다.

もんだい3 もんだい3では、えを　見ながら　しつもんを　聞いて　ください。
　　　　　➡(やじるし)の　人は　何と　言いますか。1から3の　中から、いちばん
　　　　　いい　ものを　一つ　えらんで　ください。

1 ◎ 59

2 ◎ 60

3 ◎ 61

4 ◎ 62

もんだい3　もんだい３では、えを　見ながら　しつもんを　聞いて　ください。
　　　　➡ (やじるし)の　人は　何と　言いますか。１から３の　中から、いちばん
　　　　いい　ものを　一つ　えらんで　ください。

1　◎ 63

2　◎ 64

3 ◎ 65

4 ◎ 66

もんだい3　もんだい3では、えを　見ながら　しつもんを　聞いて　ください。
　　　　　➡(やじるし)の　人は　何と　言いますか。1から3の　中から、いちばん
　　　　　いい　ものを　一つ　えらんで　ください。

1　◎ 67

2　◎ 68

3 🎧 69

4 🎧 70

もんだい3 もんだい3では、えを 見ながら しつもんを 聞いて ください。
➡(やじるし)の 人は 何と 言いますか。1から3の 中から、いちばん
いい ものを 一つ えらんで ください。

1 ◎ 71

2 ◎ 72

3 ◎ 73

4 ◎ 74

확인문제 1

문제3에서는 그림을 보면서 질문을 들어 주세요. → (화살표)의 사람은 어떻게 말합니까? 1에서 3 중에서 가장 적당한 것을 하나 골라 주세요.

1 ◎ 59

男　旅行のおみやげをもらいました。何と言いますか。

女　1　いつもすみません。

　　2　これはつまらないものですが。

　　3　こんどから気をつけてください。

남　여행 기념품을 받았습니다. 뭐라고 말합니까?

여　1　늘 고맙습니다.

　　2　이것은 별거 아닙니다만.

　　3　다음부터 조심해 주세요.

정답　1

어휘　旅行 여행 | おみやげ 기념품, 선물 | もらう 받다 | 何と 뭐라고 | いつも 늘, 평소 | すみません 죄송합니다 | つまらない 별거 아니다, 시시하다 | こんど 이번, 다음 | ～から ～부터 | 気をつける 조심하다 | ～てください ～해 주세요

해설　감사한 경우에 쓰는 말이므로 감사하다거나 미안하다는 말이 오는 것이 적절하다. 따라서 답은 1번이고 오답인 2번은 기념품을 주는 사람이 해야 할 말이다.

2 ◎ 60

男　あいている席に座りたいです。何と言いますか。

女　1　あの、ここにすわらなくちゃいけませんか。

　　2　あの、ここにすわってもいいですか。

　　3　あの、ここにすわりませんか。

남　비어 있는 자리에 앉고 싶습니다. 뭐라고 말합니까?

여　1　저, 여기에 앉지 않으면 안 됩니까?

　　2　저, 여기에 앉아도 되겠습니까?

　　3　저, 여기에 앉지 않겠습니까?

정답　2

어휘　あく 비다 | 席 자리 | 座る 앉다 | ～たい ～하고 싶다 | あの 저 | ここ 이곳 | ～なくちゃいけません ～해야 합니다 | ～てもいい ～해도 되다 | ～ませんか ～하지 않겠습니까?

해설　앉고 싶은 상황에서 양해와 허가를 구하는 2번이 답이 된다. 3번은 상대방에게 권하는 표현이므로 틀렸다.

3 ◎61

男 電車の中で大きな声で電話している人がいます。何と言いますか。

女 1 もっと大きい声で言ってもらえますか。
2 もう少し静かに話してくださいませんか。
3 どうもお話がよくわからないんですが。

남 전철 안에서 큰 소리로 전화하고 있는 사람이 있습니다. 뭐라고 말합니까?

여 1 더 큰 목소리로 말해 줄 수 있겠습니까?
2 조금 더 조용히 이야기해 주지 않겠습니까?
3 아무래도 말씀이 잘 이해가 안 됩니다만.

정답 2

어휘 大きな 큰 | 声 목소리 | 電話 전화 | もっと 더욱 | 大きい 크다 | ~てもらえますか ~해 주시겠습니까? | もう少し 조금 더 | 静かに 조용히 | 話す 이야기하다 | ~てくださいませんか ~해 주지 않겠습니까? | どうも 매우, 아무래도 | 話 이야기 | わからない 모르다

해설 큰 소리로 전화를 하고 있으므로 작게 말해 달라고 하는 2번이 답이 된다.

4 ◎62

女 本をわすれました。友だちになんと言いますか。

男 1 この本、ちょっとかりてあげようか。
2 この本、ちょっとかしてやろうか。
3 この本、ちょっと見せてくれる？

여 책을 안 가지고 왔습니다. 친구에게 뭐라고 말합니까?

남 1 이 책, 좀 빌릴까?
2 이 책, 좀 빌려줄까?
3 이 책, 좀 보여 줄래?

정답 3

어휘 本 책 | わすれる 잊다 | 友だち 친구 | ちょっと 조금, 잠시 | かりる 빌리다 | ~てあげる ~해 주다(내가) | かす 빌려주다 | ~てやる ~해 주다 | 見せる 보여 주다 | ~てくれる ~해 주다(상대가)

해설 친구에게 빌리거나 보여 달라고 해야 하므로 3번이 답이 된다. 1번은 내가 빌리는 행위를 해 주겠다는 의미가 되어 적합하지 않고, 2번은 내가 나의 책을 빌려준다는 말이 되므로 오답이 된다.

문제3에서는 그림을 보면서 질문을 들어 주세요. → (화살표)의 사람은 어떻게 말합니까? 1에서 3 중에서 가장 적당한 것을 하나 골라 주세요.

1 ◎ 63

男 くつのサイズがあいません。何といいますか。
女 1 もっと安いくつはありませんか。
　　2 これより大きいのはありませんか。
　　3 黒い色はありませんか。

남 구두의 사이즈가 맞지 않습니다. 뭐라고 말합니까?
여 1 더 싼 구두는 없습니까?
　　2 이것보다 큰 것은 없습니까?
　　3 검은색은 없습니까?

정답 2

어휘 くつ 구두, 신발 | サイズ 사이즈 | あう 맞다 | もっと 더욱 | 安い 싸다 | ～より ～보다 | 大きい 크다 | 黒い 검다 | 色 색

해설 구두가 맞지 않아서 사이즈 교환을 해야 하므로 사이즈에 대한 내용이 나오는 2번이 답이 된다.

2 ◎ 64

女 会社で課長に電話がかかってきました。何といいますか。
男 1 課長、電話をおかけしましょうか。
　　2 課長、お電話です。
　　3 課長、電話をいただきました。

여 회사에서 과장님에게 전화가 걸려 왔습니다. 뭐라고 말합니까?
남 1 과장님, 전화를 걸어 드릴까요?
　　2 과장님, 전화입니다.
　　3 과장님, 전화를 받았습니다.

정답 2
어휘 会社 회사 | 課長 과장님 | 電話 전화 | かかってくる 걸려오다 | おかけする 걸어 드리다 | いただく 받다

해설 과장님에게 전화가 왔다고 알려 주는 내용이 나와야 한다. 이미 전화가 와 있는 상황이니 1번처럼 걸어 드릴 필요가 없고, 3번은 내가 잘 받았다는 내용이어서 오답이다. 답은 전화가 왔음을 알려 주는 2번이 답이 된다.

3 ◎ 65

女 お客さんが「ここをかたづけて」と言いました。店の人は何と言いますか。

男 1 わかっています。
2 まいどありがとうございます。
3 かしこまりました。

여 손님이 '여기를 정리해 주세요'라고 했습니다. 가게 사람은 뭐라고 말합니까?

남 1 알고 있습니다.
2 매번 감사합니다.
3 알겠습니다.

[정답] 3

[어휘] お客さん 손님 | かたづける 정리하다 | 店の人 가게 사람 | まいど 매번 | かしこまりました 알겠습니다

[해설] 손님이 치워 달라고 하므로 점원이 할 말은 3번이 된다.「かしこまりました. (알겠습니다.)」라는 표현은 지시대로 하겠다는 의미로 주로 직원들이 많이 쓰는 표현이다.

4 ◎ 66

男 道路がこんでいます。タクシーの運転手に何と言いますか。

女 1 事故でもあったんでしょうか。
2 もう着いたんですか？
3 いつもより車が少ないんですか。

남 도로가 막혀 있습니다. 택시 운전사에게 뭐라고 말합니까?

여 1 사고라도 있었던 걸까요?
2 벌써 도착한 건가요?
3 평소보다 차가 적은 겁니까?

[정답] 1

[어휘] 道路 도로 | こむ 막히다 | タクシー 택시 | 運転手 운전사 | 事故 사고 | ～でも ～라도 | ある 있다 | ～でしょうか ～일까요? | もう 벌써, 이미 | 着く 도착하다 | ～より ～보다 | 少ない 적다

[해설] 길이 막히는 상황이므로 적절한 것은 1번이다. 길이 막히는 상황에서 3번과 같은 말은 정반대의 오답이 된다.

문제3에서는 그림을 보면서 질문을 들어 주세요. → (화살표)의 사람은 어떻게 말합니까? 1에서 3 중에서 가장 적당한 것을 하나 골라 주세요.

1 ◎ 67

女 デパートで時計売り場をさがしています。案内係に
何と言いますか。

男 1 時計売り場は1階にございます。
2 時計売り場は何階にありますか。
3 この時計は合っていますか。

여 백화점에서 시계 매장을 찾고 있습니다. 안내 담당자에게 뭐라고 말합니까?

남 1 시계 매장은 1층에 있습니다.
2 시계 매장은 몇 층에 있습니까?
3 이 시계는 맞습니까?

정답 2

어휘 売り場 매장 | さがす 찾다 | 案内 안내 | ～係 ～담당 | ～階 ～층 | ございます 있습니다 | 合う 맞다

해설 시계 매장을 찾고 있으므로 가는 방법을 묻는 2번이 답이 된다. 1번은 안내 담당자가 해야 하는 말이다.

2 ◎ 68

男 レストランで注文したものとちがうものが出ました。何といいますか。

女 1 お代わりできますか。
2 こんなにいただいてもいいんですか。
3 これ、たのんでませんけど。

남 레스토랑에서 주문한 것과 다른 것이 나왔습니다. 뭐라고 말합니까?

여 1 리필 가능합니까?
2 이렇게 받아도 되는 겁니까?
3 이거 주문하지 않았는데요.

정답 3

어휘 レストラン 레스토랑 | 注文 주문 | ちがう 다르다, 틀리다 | 出る 나오다 | お代わり 리필 | こんなに 이렇게 | いただく 받다 | ～てもいい ～해도 되다 | たのむ 부탁하다, 주문하다 | ～けど ～인데

해설 주문하지 않은 요리가 나왔으므로 그 내용을 말하는 3번이 답이다. 2번은 그 음식을 서비스로 준 것이 아니므로 오답이다.

3 ◎ 69

男 子どもが道にまよっています。何と言いますか。

女 1 どこに行きたいの？
　　2 お母さんは元気？
　　3 ちょっと道を教えてくれる？

남 아이가 길을 헤매고 있습니다. 뭐라고 말합니까?

여 1 어디에 가고 싶은 거야?
　　2 어머님은 잘 지내셔?
　　3 잠시 길을 알려 줄래?

정답 1

어휘 子ども 아이 | 道にまよう 길을 헤매다 | ～たい ～하고 싶다 | お母さん 어머님 | 元気だ 잘 지내다, 건강하다 | ちょっと 조금, 잠시 | 教える 가르치다 | ～てくれる ～해 주다

해설 길을 헤매는 아이에게 어디에 가는 길인지 묻는 1번이 답이 된다. 3번은 반대로 내가 길을 묻는 내용이므로 오답이 된다.

4 ◎ 70

女 友だちがつかれています。何といいますか。

男 1 もっとはやく歩こう。
　　2 少し休んで行こうか。
　　3 もういちど歩いてみれば？

여 친구가 지쳐 있습니다. 뭐라고 말합니까?

남 1 더 빨리 걷자.
　　2 조금 쉬고 갈까?
　　3 한번 더 걸어 보는 게 어때?

정답 2

어휘 友だち 친구 | つかれる 지치다, 피곤하다 | もっと 더욱 | はやく 빨리 | 歩く 걷다 | すこし 조금 | 休む 쉬다 | ～てみれば ～해 보는 게 어때?

해설 친구가 지친 상황에서 힘을 주는 내용이 나와야 하므로 2번이 답이 된다. 3번은 오답이지만 「～てみれば？ (~해 보는 게 어때?)」라는 제안 표현도 외워 두자.

문제3에서는 그림을 보면서 질문을 들어 주세요. → (화살표)의 사람은 어떻게 말합니까? 1에서 3 중에서 가장 적당한 것을 하나 골라 주세요.

1 ◎ 71

男　男の人がぼうしをおいて帰ろうとしています。何と
言いますか。
女　1 あの、ぼうしを忘れてしまいましたか。
　　2 あの、ぼうしを忘れたかもしれませんか。
　　3 あの、ぼうしを忘れたんじゃありませんか。

남　남자가 모자를 두고 가려고 하고 있습니다. 뭐라고 말합니까?
여　1 저기 모자를 잊고 말았습니까?
　　2 저기 모자를 잊었을지도 모르겠습니까?
　　3 저기 모자를 잊은 것 아닙니까?

정답 3
어휘 男の人 남자 | ぼうし 모자 | 忘れる 잊다, 놓고 가다 | 行く 가다 | ～とする ～하려고 하다 | 何と 뭐라고 | いう 말하다 | ～てしまう ～해 버리다 | ～かもしれません ～할지도 모릅니다

해설 모자를 잊고 나가는 사람에게 모자의 존재를 알려야 하므로 3번이 답이 된다. 1번은 남자의 입장에서 하는 말이고, 2번은 확실한 상황에서 추측으로 쓸 수 없는 표현이다.

2 ◎ 72

女　電車でおばあさんが大きい荷物を持って乗りました。何と言いますか。
男　1 わたしが立ってあげましょうか。
　　2 どうぞおかけください。
　　3 ここに座らせてください。

여　전철에서 할머니가 큰 짐을 들고 탔습니다. 뭐라고 말합니까?
남　1 제가 일어나 드릴까요?
　　2 앉으세요.
　　3 여기에 앉게 해 주세요.

정답 2

어휘 電車でんしゃ 전철 | おばあさん 할머니 | 大おおきい 크다 | 荷物にもつ 짐 | 持もつ 가지다, 들다 | 乗のる 타다 | 立たつ 서다 | 〜てあげる 〜해 주다 | 〜ましょうか 〜할까요? | どうぞ 부디 | おかけください 앉으십시오 | すわる 앉다 | 〜てもらう 〜해 받다(상대가 〜해 주다)

해설 할머니에게 자리를 양보하는 상황에서 말투를 구분하는 문제이다. 「かける(걸치다, 앉다)」라는 표현을 이용해서 상대에게 존경으로 묻는 2번이 답이 된다. 1번의 「〜てあげる(〜해 주다)」는 생색의 느낌이 있으므로 오답, 3번의 경우에는 「〜させてください(〜하게 해 주세요)」는 허가를 구하는 표현이며 결국 '앉게 해 주세요'가 되므로 오답이다.

3 ◎ 73

女 先生せんせいに今いま、質問しつもんしたいです。何なんと言いいますか。
男 1 質問しつもんしてくださいませんか。
　　2 伺うかがいたいことがありますが…。
　　3 今いまならいいですよ。

여 선생님에게 지금 질문하고 싶습니다. 뭐라고 말합니까?
남 1 질문해 주시지 않겠습니까?
　　2 여쭙고 싶은 것이 있습니다만….
　　3 지금이라면 괜찮습니다.

정답 2

어휘 質問しつもん 질문 | 〜たい 〜하고 싶다 | 〜てくださいませんか 〜해 주시지 않겠습니까? | 伺うかがう 여쭈다 | 〜なら 〜이라면

해설 선생님께 질문할 때 사용하는 공손한 표현으로 답은 2번이 되는데 「伺う(여쭈다, 방문하다)」라는 동사를 외워 두는 것이 좋겠다. 1번은 반대로 자신에게 질문해 주길 바라는 표현이고, 3번은 선생님이 해야 할 말이 된다.

4 ◎ 74

男 係かかりの人ひとがお客きゃくさんに入いり口ぐちを案内あんないします。何なんと言いいますか。
女 1 こちらからは入はいらないでください。
　　2 こちらからお入はいりください。
　　3 こちらからは入はいれません。

남 담당자가 손님에게 입구를 안내합니다. 뭐라고 말합니까?
여 1 이쪽으로는 들어가지 마세요.
　　2 이쪽으로 들어가십시오.
　　3 이쪽으로는 들어갈 수 없습니다.

정답 2

어휘 係 담당 | お客さん 손님 | 入口 입구 | 案内 안내 | こちら 이쪽 | 〜から 〜으로, 〜부터 | 入る 들어가다 |
〜ないでください 〜하지 마세요

해설 입구를 알려 주는 상황이기 때문에 답은 2번이다. 1번과 3번은 주의 사항을 알려 주는 듯한 금지 표현이기 때문
에 오답이다.

もんだい **4** 즉시응답

◁ 문제유형 즉시응답 (8문항)

짧은 문장을 듣고 그에 맞는 적절한 응답을 찾는 문제이다.

> 짧은 문장을 듣는다 ➡ 세 개의 선택지를 듣고 정답을 고른다

もんだい4　もんだい４では、えなどが　ありません。まず　ぶんを
聞いて　ください。それから、その　へんじを　聞いて、
１から３の　中から、いちばん　いい　ものを　一つ　え
らんで　ください。

― メモ ―

◁ 포인트

〈もんだい4〉는 짧은 말을 듣고 적절한 응답을 찾는 문제인데 짧은 시간에 바로 답해야 하는 문제이므로 자신의 반사적인 직감을 믿고 정답이라고 생각하는 선택지에 체크를 하면 된다. 정답에 확신이 서지 않을 경우라도 미련 두지 말고 바로 다음 문제에 집중할 수 있어야 한다. 그렇지 않으면 더 많은 문제를 놓치게 된다.

◁ 학습요령

〈もんだい4〉즉시응답은 짧은 시간에 바로 답을 찾을 수 있는 연습을 해야 한다. 연습을 하면 할수록 익숙해져서 편하게 정답을 찾을 수 있다. 연습문제가 다 끝난 뒤에도 계속 반복하여 연습하면 효과적이다. 또한 시제 관련 문제가 자주 등장하기 때문에 시제와 관련된 어휘가 나오면 주의를 기울여서 들어야 한다.

もんだい4 もんだい４では、えなどが　ありません。まず　ぶんを　聞いて　ください。それから、その　へんじを　聞いて、１から３の　中から、いちばん　いい　ものを　一つ　えらんで　ください。

1~8 　◎ **75~82**

— 　メ　モ　—

もんだい4 もんだい4では、えなどが ありません。まず ぶんを 聞いて ください。
それから、その へんじを 聞いて、1から3の 中から、いちばん いい
ものを 一つ えらんで ください。

— メモ —

もんだい4　もんだい4では、えなどが　ありません。まず　ぶんを　聞いて　ください。
　　　　　それから、その　へんじを　聞いて、1から3の　中から、いちばん　いい
　　　　　ものを　一つ　えらんで　ください。

― メ モ ―

もんだい4　もんだい４では、えなどが　ありません。まず　ぶんを　聞いて　ください。
　　　　　それから、その　へんじを　聞いて、１から３の　中から、いちばん　いい
　　　　　ものを　一つ　えらんで　ください。

1~8　　 99~106

― メモ ―

확인문제 1

문제4에서는 그림 등이 없습니다. 먼저 문장을 들어 주세요. 그리고 그 응답을 듣고 1에서 3 중에서 가장 적당한 것을 하나 골라 주세요.

1 〇 75

女 仕事、いそがしそうね。

男 1 たぶんいそがしいと思うけど。

　 2 てつだってあげようか。

　 3 月末はいつもいそがしくなるんだ。

여 일 바빠 보이네.

남 1 아마 바쁘다고 생각하는데.

　 2 도와줄까?

　 3 월말은 늘 바빠져.

정답 3

어휘 仕事 일 | いそがしい 바쁘다 | ～そう ～듯함, ～것 같음 | たぶん 아마 | 思う 생각하다 | ～けど ～인데 | てつだう 돕다 | ～て あげる ～해 주다 | 月末 월말 | いつも 늘, 언제나 | ～なる ～(해)지다

해설 바빠 보인다는 말에 대해 추측형인 1번은 오답, 2번은 질문자가 계속 이어서 할 말이기 때문에 오답, 따라서 월말은 늘 바빠진다는 3번이 정답이 된다.

2 〇 76

男 これ、課長にわたしてくださいますか。

女 1 はい、わたしてあげました。

　 2 はい、おわたしします。

　 3 はい、わたしてもらいます。

남 이거, 과장님께 전해 주시겠습니까?

여 1 네, 전해 드렸습니다.

　 2 네, 전해 드리겠습니다.

　 3 네, 전달 받겠습니다.

정답 2

어휘 これ 이것 | 課長 과장님 | わたす 건네다 | ～てくださいますか ～해 주시겠습니까 | ～てあげる ～해 주다 | ～てもらう ～해 받다(상대가 해 주다)

해설 과장님께 이것을 건네 달라고 부탁하는 내용에 대한 답으로는 「お＋ます형＋する(～해 드리다)」라는 표현이 들어간 2번이 가장 적합하다. 1번은 지금 물건을 건네주고 있는 상황이므로 맞지 않고, 3번은 「～てもらう(～해 받다, (상대가) ～해 주다)」라는 문법이 들어가 있는데 접속하는 동사는 상대의 행동이 된다. 건네는 사람이 내가 아닌 다른 사람이 되므로 오답이다.

3 〇 77

女 すみませんが、あしたまでにお願いします。

男 1 いそいでいますから。

　 2 あさってまでにできると思います。

　 3 なんとかやってみます。

여 죄송하지만, 내일까지 부탁드립니다.

남 1 서두르고 있으니까.

　 2 모레까지 가능할 것 같습니다.

　 3 어떻게든 해 보겠습니다.

정답 3

어휘 すみませんが 죄송하지만 | ～までに ～까지 | お願いします 부탁드립니다 | いそぐ 서두르다 | あさって 모레 | なんとか 어떻게든 | やってみる 해 보다

해설 내일까지 부탁한다고 했으므로 정답은 어떻게든 해 보겠다는 3번이 답이 된다. 당장 바쁘다고 하는 1번은 오답, 사과의 말도 없이 모레까지 가능하다는 2번도 오답이다.

4 ◎78

男 いまから行ってもいい？
女 1 授業があるから午後ならいいよ。
　　2 いまから行ってもいいよ。
　　3 え、どこに行ったの。

남 지금부터 가도 돼?
여 1 수업이 있으니까 오후라면 괜찮아.
　　2 지금부터 가도 돼.
　　3 어, 어디로 간거야?

정답 1

어휘 いまから 지금부터 | ～てもいい ～해도 된다 | 授業 수업 | ～から ～이니까 | 午後 오후 | ～なら ～라면

해설 남자가 가도 되냐고 하는 것은 상대방이 있는 곳으로 지금 가겠다는 의미이다. 따라서 오후에 가능하다는 1번이 정답이다.

5 ◎79

女 ぜんぶ書かなくちゃいけませんか。
男 1 ぜんぶ書いてはいけませんよ。
　　2 本を見ないで書いてください。
　　3 できるところだけでいいですよ。

여 전부 쓰지 않으면 안 됩니까?
남 1 전부 써서는 안 됩니다.
　　2 책을 보지 말고 써 주세요.
　　3 가능한 곳만이라도 괜찮습니다.

정답 3

어휘 ぜんぶ 전부 | 書く 쓰다 | ～なくちゃいけませんか ～해야 합니까 | ～てはいけません ～해서는 안 됩니다 | 本 책 | 見る 보다 | ～ないで ～하지 말고, ～하지 않고 | ～てください ～해 주세요 | できる 가능하다 | ところ 곳, 장소 | ～だけで ～만이라도, 만으로

해설 전부 다 써야 하냐는 질문에 어울리는 답은 가능한 곳만 쓰면 된다는 3번이 답이고, 전부 쓰면 안 된다는 금지 표현이 들어간 1번은 오답이 된다. 같은 표현이 반복될 때는 오답의 가능성이 크다는 점도 참고로 알아 두자.

6 ◎80

男 わたしもいっしょに行きましょうか。
女 1 ええ、いっしょに行ってあげます。
　　2 そうしてくださると助かります。
　　3 いいえ、わたしがいっしょに行きました。

남 저도 같이 갈까요?
여 1 네, 같이 가 드리겠습니다.
　　2 그렇게 해 주시면 감사하겠습니다.
　　3 아니요, 제가 같이 갔습니다.

정답 2

어휘 いっしょに 함께, 같이 | ～ましょうか ～할까요 | ～てあげる ～해 주다 | そう 그렇게 | ～てくださる ～해 주시다 | 助かる 도움 되다

해설 같이 갈까요? 라는 제안을 하고 있는 것에 대해 1번은 (내가) 같이 가 주겠다고 해서 오답, 3번은 내용도 시제도 맞지 않는다. 답은 그렇게 해 주면 고맙겠다는 2번이다. 「助かる(도움이 되다)」라는 표현은 '덕분에 도움이 되다, 고맙다'는 말로도 해석이 된다.

女 前のせきと後ろのせき、どっちがいい？

男 1 どちらでもいいよ。

　　2 いつでもいいよ。

　　3 まんなかでもいいよ。

여 앞자리와 뒷자리, 어느 쪽이 좋아?

남 1 어느 쪽이라도 좋아.

　　2 언제라도 좋아.

　　3 한가운데라도 좋아.

정답 1

어휘 前 앞 | せき 자리 | 後ろ 뒤 | どっち 어느 쪽 | いい 좋다, 괜찮다 | どちら 어느 쪽 | 〜でも 〜라도 | いつ 언제 | まんなか 한가운데

해설 앞자리와 뒷자리, 둘 중 선택하는 것이므로 1번 어느 쪽이든 괜찮다는 대답이 답이 된다. 2번은 시간에 대한 답이고, 3번은 선택지에 없는 위치라서 오답이 된다.

男 よかったらいっしょに見にいきませんか。

女 1 ありがとう。いつ見たんですか。

　　2 ごめんなさい。もう見ちゃったんです。

　　3 わかりました。見にいきません。

남 괜찮으면 같이 보러 가지 않겠습니까?

여 1 고마워요. 언제 본 거예요?

　　2 죄송해요. 이미 봐 버렸어요.

　　3 알겠습니다. 보러 가지 않겠습니다.

정답 2

어휘 よかったら・괜찮으면 | いっしょに 같이 | 見る 보다 | 〜に行く 〜하러 가다 | 〜ませんか 〜하지 않겠습니까? | ありがとう 고마워(요) | いつ 언제 | ごめんなさい 죄송해요 | もう 이미 | 〜ちゃう 〜해 버리다 | わかりました 알겠습니다

해설 질문 부분에서 「〜ませんか(〜하지 않겠습니까?)」의 형태로 제안하고 있다는 것을 이해해야 한다. 답은 이미 봤다고 하는 2번이 답이고, 그대로 의문형만 없앤 3번은 오답이 된다.

문제4에서는 그림 등이 없습니다. 먼저 문장을 들어 주세요. 그리고 그 응답을 듣고 1에서 3 중에서 가장 적당한 것을 하나 골라 주세요.

1 ◎ 83

女　つめたくならないうちに、どうぞめしあがってくだ
　　さい。
男　1　あたたかくしてもらえますか。
　　2　つめたいのは食べられないんです。
　　3　ではえんりょなく、いただきます。

여　차가워지기 전에, 자 드십시오.
남　1　따뜻하게 해 줄 수 있겠습니까?
　　2　차가운 것은 못 먹어요.
　　3　그럼 사양 않고 잘 먹겠습니다.

정답　3

어휘　つめたい 차다 | ～ないうちに ～하기 전에 | どうぞ 부디 | めしあがる 잡수시다, 드시다 | ～てください ～
해 주세요 | あたたかくする 따뜻하게 하다 | ～てもらえますか ～해 주시겠습니까? | 食べる 먹다 | では 그럼 | えん
りょなく 사양 않고, 사양 말고 | いただきます 잘 먹겠습니다

해설　다소 어려운 느낌을 줄 수 있는 「～ないうちに(～하기 전에)」 문형이 나왔다. 「冷たくならないうちに(차가워
지기 전에)」라는 것은 현재는 따뜻하다는 의미가 되므로 1번과 2번은 오답, 3번이 정답이 된다.

2 ◎ 84

男　午後から雨がふるって言ってたから、早く出発した
　　ほうがいいよ。
女　1　えっ、そうなの？じゃ今から行くよ。
　　2　だから、午後に出発することにしたんだ。
　　3　うん、朝早く出発したよ。

남　오후부터 비가 온다고 했으니까 빨리 출발하는 편이 좋겠어.
여　1　어, 그래? 그럼 지금 갈게.
　　2　그래서 오후에 출발하기로 했어.
　　3　응, 아침 일찍 출발했어.

정답　1

어휘　午後 오후 | 雨 비 | ふる 내리다 | ～って ～라고 | 言う 말하다 | 早く 빨리 | 出発 출발 | ～たほうがいい
～하는 게 좋다 | 今から 지금부터 | だから 그래서 | ～ことにする ～하기로 하다 | 朝 아침

해설　오후에 비가 온다고 하니 일찍 출발하라고 조언하는 부분이다. 서둘러 출발하는 1번이 정답이 되고 2번은 반대
로 오후에 출발, 3번은 이미 출발한 모양이 되어 오답이 된다.

3 ◎ 85

女　きょうは暖かいから散歩しませんか。
男　1　はい、きょうも散歩しました。
　　2　あしたは暖かいと思います。
　　3　ええ、公園まで行きましょう。

여　오늘은 따뜻하니까 산책하지 않겠습니까?
남　1　네, 오늘도 산책했습니다.
　　2　내일은 따뜻할 거라고 생각합니다.
　　3　네, 공원까지 갑시다.

정답　3

어휘　暖かい 따뜻하다 | ～から ～이니까 | 散歩 산책 | 公園 공원 | ～ましょう ～합시다

해설　상대방의 의향을 묻는 표현 「～ませんか(～하지 않겠습니까?)」는 회화에서 자주 등장한다. 이에 어울리는 대답
은 「～ましょう(～합시다)」이므로 3번이 정답이 된다.

4 ⊚86

男 こんどの試験、いつもよりむずかしかったね。

女 1 うん、こんどはむずかしいらしい。

　　2 ほんとに。もっと勉強すればよかった。

　　3 そうだよ。いつもはもっとむずかしかった。

남 이번 시험, 평소보다 어려웠지.

여 1 응, 이번은 어렵다는 것 같아.

　　2 정말. 더 공부하면 좋았을걸.

　　3 그래. 평소에는 더 어려웠어.

정답 2

어휘 こんど 이번 | 試験 시험 | いつも 늘, 평소 | 〜より 〜보다 | むずかしい 어렵다 | 〜らしい 〜라는 것 같다 | ほんとに 정말 | もっと 더욱 | 勉強 공부 | 〜ばよかった 〜하면 좋았을걸

해설 이번 시험이 평소보다 어려웠다고 하는데 1번은 아직 시험을 치르지 않은 모양이라서 오답, 3번은 동의하면서도 평소가 더 어려웠다고 해서 오답, 공부를 열심히 하지 않아 후회하는 2번이 답이 된다.

5 ⊚87

女 このまえは人がいなかったのに、きょうはいっぱいですね。

男 1 やっぱり夏休みだからでしょう。

　　2 人がいないから静かですね。

　　3 このまえはいっぱい来ましたね。

여 저번에는 사람이 없었는데, 오늘은 매우 많네요.

남 1 역시 여름휴가여서겠죠.

　　2 사람이 없으니까 조용하군요.

　　3 저번에는 많이 왔었죠.

정답 1

어휘 このまえ 저번에, 일전에 | 人 사람 | いる 있다 | 〜のに 〜인데도 | きょう 오늘 | いっぱい 꽉 참 | やっぱり 역시 | 夏休み 여름휴가 | 〜だから 〜이니까 | 〜でしょう 〜일 것 이다, 〜이겠죠 | 静かだ 조용하다

해설 저번과 달리 오늘 사람이 아주 많다고 하는 여자의 말에 가장 어울리는 대답은 1번이다. 2번과 3번은 오늘은 사람이 적다는 내용이 나오므로 오답이 된다.

6 ⊚88

男 ぜんぶ見るのにどのくらい時間がかかりますか。

女 1 ぜんぶ見るのに時間がかかります。

　　2 そんなにかかりませんよ。

　　3 あしたは時間がありません。

남 전부 보는 데 어느 정도 시간이 걸립니까?

여 1 전부 보는 데 시간이 걸립니다.

　　2 그렇게 걸리지 않습니다.

　　3 내일은 시간이 없습니다.

정답 2

어휘 ぜんぶ 전부 | 見る 보다 | 〜のに 〜하는 데 | どのくらい 어느 정도 | 時間 시간 | かかる 걸리다 | そんなに 그렇게 | あした 내일 | ある 있다

해설 전부 보는 데 걸리는 대략적인 시간을 묻는 것이므로 2번이 답이 된다. 1번은 얼마나 걸리는지가 빠져 있으므로 오답이다.

7 ◎ 89

女 卒業のお祝いは何がいいかな。

男 1 卒業式は朝10時からららしい。

2 何がほしいか聞いてみたら？

3 このごろはみんな同じ服を着るね。

여 졸업 축하 선물은 뭐가 좋을까?

남 1 졸업식은 아침 10시부터인 것 같아.

2 무엇을 원하는지 물어보는 게 어때?

3 요즘은 모두 같은 옷을 입네.

정답 2

어휘 卒業 졸업 | お祝い 축하 (선물) | いい 좋다. 괜찮다 | 〜式 〜식 | 朝 아침 | 〜から 〜부터 | 〜らしい 〜라는 것 같다 | ほしい 원하다 | 聞いてみる 물어보다 | 〜たら 〜하는 게 어때? | このごろ 요즘 | みんな 모두, 다들 | 同じ 같음, 같은 | 服 옷 | 着る 입다

해설 졸업 축하(선물)로 무엇이 좋을지에 대한 내용이므로 선물에 대한 언급이 있는 2번이 답이 된다. 1번은 시간에 대한 대답이어서 오답, 3번은 졸업식 의상에 대한 대답이어서 오답이 된다.

8 ◎ 90

男 普通電車より特急のほうが早くつきますよね。

女 1 いいえ、特急はまだ来ていません。

2 そうですね。特急に乗ってみたいですね。

3 はい、特急が30分くらい先につきます。

남 보통열차보다 특급 쪽이 빨리 도착하죠?

여 1 아니요, 특급은 아직 안 왔습니다.

2 그렇네요. 특급에 타 보고 싶네요.

3 네, 특급이 30분 정도 먼저 도착합니다.

정답 3

어휘 普通電車 보통열차 | 〜より 〜보다 | 特急 특급 | ほう 〜쪽, 〜편 | 早く 빨리 | つく 도착하다 | まだ 아직 | 乗ってみる 타 보다 | 〜くらい 〜정도 | 先に 먼저

해설 보통열차보다 특급이 빨리 도착하는지에 대한 질문이다. 1번은 특급이 지금 도착하지 않았다는 내용이므로 오답이 되고, 2번은 도착에 대한 내용이 아니어서 오답, 구체적으로 설명해 주는 3번이 정답이 된다.

문제4에서는 그림 등이 없습니다. 먼저 문장을 들어 주세요. 그리고 그 응답을 듣고 1에서 3 중에서 가장 적당한 것을 하나 골라 주세요.

1 ◎91

女 図書館は月曜が休みでしょ?
男 1 火曜日に休むこともあるよ。
　　2 朝9時から夜7時までだよ。
　　3 雨が降って休みました。

여　도서관은 월요일이 휴일이지?
남　1 화요일에 쉬는 경우도 있어.
　　2 아침 9시부터 밤 7시까지야.
　　3 비가 와서 쉬었습니다.

정답 1
어휘 図書館 도서관 | 月曜 월요일 | 休み 휴일 | ~でしょ ~이지? | 火曜日 화요일 | 休む 쉬다 | ~こともある ~경우도 있다 | 朝 아침 | ~から ~부터 | 夜 밤 | ~まで ~까지 | 雨 비 | 降る 내리다

해설 휴일에 대한 질문이므로 바뀌는 경우도 있다고 설명하는 1번이 정답이 된다. 2번은 시간에 대한 대답이므로 오답이다.

2 ◎92

男 朝から熱があって頭がいたいんです。
女 1 コーヒーを飲めば頭が痛くなります。
　　2 すぐ病院に行かなくちゃいけません。
　　3 熱が出るまで待ったほうがいいですよ。

남　아침부터 열이 있어 머리가 아파요.
여　1 커피를 마시면 머리가 아파집니다.
　　2 바로 병원에 가지 않으면 안 됩니다.
　　3 열이 날 때까지 기다리는 편이 좋아요.

정답 2
어휘 朝 아침 | 熱 열 | 高い 높다 | 頭 머리 | いたい 아프다 | 飲む 마시다 | ~ば ~하면 | すぐ 바로 | 病院 병원 | ~なくちゃいけません ~해야 합니다 | 熱が出る 열이 나다 | 待つ 기다리다 | ~たほうがいい ~하는 편이 좋다

해설 아침부터 몸이 좋지 않다고 하는 것에 대해 병원에 가야 한다고 하는 2번이 정답이다. 1번은 커피를 마시면 머리가 아파진다고 하므로 지금 상황과 상관없는 내용이 되어 오답이 된다.

3 ◎93

女 かばんの口があいていますよ。
男 1 あっ、気をつけてください。
　　2 あっ、失礼しました。
　　3 あっ、知りませんでした。

여　가방 입구가 열려 있어요.
남　1 앗, 조심해 주세요.
　　2 앗, 실례했습니다.
　　3 앗, 몰랐습니다.

정답 3
어휘 かばん 가방 | 口 입, 입구 | あく 열리다 | 気をつける 조심하다 | ~てください ~해 주세요 | 失礼する 실례하다 | 知る 알다

해설 「かばんの口があく(가방 입구가 열리다)」라는 표현을 알고 있어야 하겠다. 답은 가방이 열렸다고 알려 주는 상황에 몰랐다고 하는 3번이 가장 자연스럽다. 1번처럼 주의를 주는 모양은 어울리지 않고, 2번은 가방이 열려 있는 것과는 직접 관계가 없기 때문에 오답이 된다.

---

4 ◎ 94

男 今週の土曜日までだから忘れないで。
女 1 来週中に必ずやるから。
　　2 忘れた人は手をあげて。
　　3 メモしたからだいじょうぶ。

남 이번 주 토요일까지니까 잊지 마.
여 1 다음 주 중에 반드시 할 테니까.
　　2 잊은 사람은 손을 들어 줘.
　　3 메모했으니까 괜찮아.

정답 3
어휘 今週 이번 주 | 土曜日 토요일 | ～だから ～니까 | 忘れる 잊다 | ～ないで ～하지 말아 줘 | 来週中 다음 주 중 | 必ず 반드시 | やる 하다 | 手をあげる 손을 들다 | メモ 메모 | だいじょうぶ 괜찮다

해설 마감이 이번 주 토요일까지인 것을 확인하는 내용이다. 1번은 다음 주까지 하겠다고 하고 2번은 잊지 말라고 했는데 잊은 사람을 찾고 있어서 오답이 된다. 따라서 메모했기 때문에 잊지 않겠다고 안심시켜 주는 3번이 자연스러운 답이 된다.

---

5 ◎ 95

女 駐車場がないから車でこないように言われました。
男 1 だから、車を運転して行きました。
　　2 だから、電車で行くつもりです。
　　3 だから、駐車場にとめてください。

여 주차장이 없으니까 차로 오지 말라고 들었습니다.
남 1 그래서 차를 운전해서 갔습니다.
　　2 그래서 전철로 갈 생각입니다.
　　3 그래서 주차장에 세워 주세요.

정답 2
어휘 駐車場 주차장 | ～から ～이니까 | 車 차 | ～ようにいわれる ～하라고 듣다 | 運転 운전 | 電車 전철 | つもり 작정, 생각 | とめる 세우다, 멈추다 | ～てください ～해 주세요

해설 차로 오지 말라고 했기 때문에 전철로 간다고 하는 2번이 답이 된다. 3번은 주차장이 없다고 했는데 주차장에 세운다고 하므로 오답이 된다.

---

6 ◎ 96

男 先生、授業のことでお聞きしたいことがあるんですが。
女 1 あとで研究室にきてください。
　　2 授業を聞いていませんでした。
　　3 それから先生にお聞きしました。

남 선생님, 수업에 관해서 여쭙고 싶은 것이 있는데요.
여 1 나중에 연구실로 와 주세요.
　　2 수업을 듣지 않았습니다.
　　3 그리고 선생님께 여쭈었습니다.

정답 1
어휘 先生 선생님 | 授業 수업 | ～ことで ～에 관해서 | お聞きする 여쭙다 | あとで 나중에 | 研究室 연구실 | ～てください ～해 주세요 | 聞く 듣다, 묻다 | それから 그리고(나서)

해설 「聞く」는 '듣다'와 '묻다'의 두 가지 뜻을 가지고 있는데 질문자는 묻고 싶은 것이 있다고 해석할 수 있겠다. 나중에 오라고 하는 1번이 답이 되고 2번과 3번은 「聞く」라는 동사는 반복하지만 답과 상관없는 내용이다. 대체로 같은 표현이나 동사를 반복하면 오답의 가능성이 크다.

女 これ、教室に落ちていたんですけど。
男 1 それはいつ落としましたか。
　　2 つぎの時間にほかの学生に聞いてみます。
　　3 教室をさがしたけどありませんでした。

여 이거, 교실에 떨어져 있었는데요.
남 1 그것은 언제 떨어뜨렸습니까?
　　2 다음 시간에 다른 학생에게 물어보겠습니다.
　　3 교실을 찾았지만 없었습니다.

정답 2
어휘 教室 교실 | 落ちる 떨어지다 | 〜けど 〜인데 | いつ 언제 | つぎ 다음 | 時間 시간 | ほかの〜 다른〜 | 学生
학생 | 聞く 묻다, 듣다 | 〜てみる 〜해 보다 | さがす 찾다

해설 떨어져 있던 물건을 주운 상황이기 때문에 다른 학생에게 물어보겠다고 하는 2번이 답이 된다. 1번은 분실한 사람에게 물을 수 있는 내용이고 3번은 분실한 사람이 하는 말이 되어 오답에 해당한다.

男 顔色がわるいけどどうしたの？
女 1 このごろあまりねむれなくて。
　　2 ずいぶん顔色がよくなったでしょ。
　　3 試験ができたからうれしくて。

남 안색이 나쁜데 무슨 일이야?
여 1 요즘 별로 못 자서.
　　2 상당히 안색이 좋아졌지?
　　3 시험을 잘 봐서 기뻐서.

정답 1
어휘 顔色 안색 | わるい 나쁘다 | 〜けど 인데 | どうしたの 무슨 일이야? | このごろ 요즘 | あまり 그다지, 별로 |
ねむる 잠들다 | 〜なくて 〜하지 않아서 | ずいぶん 꽤, 상당히 | よくなる 좋아지다 | 〜でしょ 〜이지? | 試験 시험 |
できる 할 수 있다, 잘 해내다 | うれしい 기쁘다

해설 안색이 좋지 않다고 하므로 좋지 않은 내용의 답변이 돌아와야 한다. 따라서 요즘 별로 자지 못했다고 하는 1번이 답이 된다.

확인문제 4

문제4에서는 그림 등이 없습니다. 먼저 문장을 들어 주세요. 그리고 그 응답을 듣고 1에서 3 중에서 가장 적당한 것을 하나 골라 주세요.

1 ◎99

女　あ、まどを開けたまま出てきたみたい。どうしよう。
男　1　まどから外の景色がよく見えるよ。
　　2　あとでけいさつに連絡しようか。
　　3　家に帰ったほうがいいんじゃない？

여　아, 창문을 열어 두고 나온 것 같아. 어떡하지.
남　1　창문에서 밖의 경치가 잘 보여.
　　2　나중에 경찰에 연락할까?
　　3　집에 돌아가는 편이 좋지 않을까?

정답　3
어휘　まど 창문 | 開ける 열다 | 〜たまま 〜한 채 | 出てくる 나오다 | 〜みたい 〜인 것 같다 | どうしよう 어떡하지? | 〜から 〜에서 | 外 밖 | 景色 경치 | よく 잘 | 見える 보이다 | あとで 나중에 | けいさつ 경찰 | 連絡 연락 | 帰る 돌아가다 | 〜たほうがいい 〜하는 편이 좋다

해설　창문을 열고 나와서 당황하는 내용이므로 집에 돌아가는 게 좋겠다고 하는 3번이 답이 된다. 「〜たまま(〜한 채)」라는 문법을 이해하고 있어야 한다. 2번은 경찰에 연락한다고 하므로 과장된 표현으로 오답이 된다.

2 ◎100

男　遠いところから来てくださってありがとうございます。
女　1　家が近いからいつでも来られます。
　　2　いいえ、きょうはおめでとうございます。
　　3　何もありませんが、ゆっくりしてください。

남　먼 곳에서 와 주셔서 감사합니다.
여　1　집이 가까워서 언제든지 올 수 있습니다.
　　2　아니요, 오늘은 축하드립니다.
　　3　별거 없지만 천천히 쉬다 가세요.

정답　2
어휘　遠い 멀다 | ところ 곳, 장소 | 〜から 〜에서 | 〜てくださる 〜해 주시다 | 近い 가깝다 | 〜から 〜니까 | いつ 언제 | 〜でも 〜라도 | おめでとうございます 축하합니다 | 何も 아무것도 | ゆっくりする 천천히 쉬다, 푹 쉬다

해설　멀리 와 줘서 고맙다고 인사를 하는데 1번은 집이 가깝다고 해서 오답이 되고 3번은 초대한 사람이 하는 말이라서 오답이 된다. 초대받은 사람이 할 수 있는 말로 정답은 2번이다.

3 ◎101

女　みんなが手伝ってくれたから早くおわったね。
男　1　ほんとうに助かったね。
　　2　手伝ってあげれば早くおわるでしょ。
　　3　みんなに手伝ってもらおうか。

여　모두가 도와줘서 빨리 끝났네.
남　1　정말 고맙네.
　　2　(내가)도와주면 빨리 끝나지?
　　3　모두에게 도움 받을까?

정답　1
어휘　手伝う 돕다 | 〜てくれる 〜해 주다(남이 나에게) | 早く 일찍, 빨리 | おわる 끝나다 | 助かる 도움이 되다(고맙다) | 〜てあげる 〜해 주다(내가 남에게) | 〜でしょ 〜이지? | 〜てもらう 〜해 받다(상대가 〜해 주다)

해설　1번의 「助かる」는 '도움을 받다', '덕분에 고맙다'라는 의미가 있는데 모두가 도와줘서 일찍 끝났다는 내용이므로 답이 될 수 있다.

4 ◎ 102

男　すみません。あしたは時間がなくて無理です。

女　1 じゃ、来週にしましょうか。
　　2 じゃ、あしたでもいいです。
　　3 じゃ、むりしてあした行きます。

남　죄송합니다. 내일은 시간이 없어서 무리입니다.

여　1 그럼, 다음 주로 할까요?
　　2 그럼, 내일이라도 괜찮습니다.
　　3 그럼, 무리해서 내일 가겠습니다.

정답　**1**

어휘　すみません 죄송합니다 | 時間 시간 | 無理だ 무리다 | 来週 다음 주 | ～にする ～로 하다 | ～ましょうか ～할까요? | ～でもいい ～라도 괜찮다

해설　내일은 시간이 없어 힘들다고 하니 다음 주로 하자고 하는 1번이 답이 된다. 2번은 내일이라도 괜찮다는 정반대의 내용이고 3번은 「無理(무리)」라는 단어를 반복 사용하고 있는 오답이다.

5 ◎ 103

女　夏休みが1週間あるなんてうらやましいです。

男　1 ぼくの会社は夏休みがないんです。
　　2 でも風邪をひいたからどこにも行けないんです。
　　3 ぼくもうらやましいと思っているんです。

여　여름휴가가 1주일 있다니 부러워요.

남　1 저희 회사는 여름휴가가 없어요.
　　2 하지만 감기에 걸려서 아무 데도 못 가요.
　　3 저도 부럽다고 생각해요.

정답　**2**

어휘　夏休み 여름휴가 | ～なんて ～이라니 | うらやましい 부럽다 | ぼく 나, 저 | 会社 회사 | でも 하지만 | 風邪をひく 감기에 걸리다 | 思う 생각하다

해설　휴가가 있어서 부럽다는 내용이므로 휴가를 받은 사람이 할 수 있는 말을 골라야 한다. 1번과 3번은 휴가가 없는 사람의 반응이어서 오답이고 휴가는 있으나 몸이 안 좋다는 2번이 정답이 된다.

6 ◎ 104

男　着物も着られるんですね。どこで習ったんですか。

女　1 先生に着せてあげました。
　　2 着物を着るのは難しいですね。
　　3 友だちが教えてくれました。

남　기모노도 입을 수 있군요. 어디서 배운 겁니까?

여　1 선생님에게 입혀 드렸습니다.
　　2 기모노를 입는 것은 힘들죠.
　　3 친구가 가르쳐 주었습니다.

정답　**3**

어휘　着物 기모노(일본 전통의복) | 着る 입다 | どこ 어디 | 習う 배우다 | 先生 선생님 | 着せる 입히다 | ～てあげる ～해 주다(내가) | 難しい 어렵다 | 友だち 친구 | 教える 가르치다 | ～てくれる ～해 주다(상대가)

해설　기모노 입는 법을 어디서 배웠는지 묻고 있다. 친구에게 배웠다고 하는 3번이 답이고 1번은 선생님께 입혀 드렸다는 내용이므로 답과 상관이 없다.

7 🎧 105

女 きのうはおいしいものを作ったのに一人しか来てくれなかったの。

男 1 ぼくに電話してくれればよかったのに。
　 2 今からぼくが行ってあげるから待ってて。
　 3 おいしいものを作ってもらえて良かったね。

여 어제는 맛있는 것을 만들었는데 한 명밖에 와 주지 않았어.

남 1 나한테 전화해 줬으면 좋았을 텐데.
　 2 지금 내가 가 줄 테니까 기다리고 있어.
　 3 맛있는 것을 만들어 줘서 잘됐네.

> **정답** 1
>
> **어휘** きのう 어제 | おいしい 맛있다 | もの 것, 물건 | 作る 만들다 | 一人 한 명 | ～しか ～밖에 | 来る 오다 | ～てくれる ～해 주다(상대가) | ぼく (남성형) 나, 저 | 電話 전화 | ～ばよかったのに ～하면 좋았을 텐데 | 今から 지금부터 | 行く 가다 | ～てあげる ～해 주다(내가) | 待つ 기다리다 | ～てもらう ～해 받다(상대가 ～해 주다) | 良かった 다행이다. 잘 됐다
>
> **해설** 어제 맛있는 것을 만들었는데 한 명밖에 오지 않았다고 한다. 2번은 지금 가겠다고 해서 시제가 맞지 않고, 3번은 다른 사람이 맛있는 것을 만들어서 여자에게 줬다는 내용이 되므로 오답이 된다. 따라서 답은 1번이다.

8 🎧 106

男 あ、またぼくのパソコンでゲームしてる！

女 1 きょうはまだしてないよ。
　 2 いま、使ってないんだからいいでしょ。
　 3 パソコンでゲームはしないでよ。

남 앗, 또 내 컴퓨터로 게임을 하고 있어!

여 1 오늘은 아직 안 하고 있어.
　 2 지금 안 쓰니까 괜찮잖아?
　 3 컴퓨터로 게임은 하지 마.

> **정답** 2
>
> **어휘** また 또 | パソコン 컴퓨터 | ゲーム 게임 | まだ 아직 | 使う 쓰다, 사용하다 | ～でしょ ～지? 잖아? | ～ないで ～하지 말아 줘
>
> **해설** 지금 또 내 컴퓨터로 게임을 한다며 화를 내는 모습이므로 2번의 지금 안 쓰니까 괜찮지 않냐고 묻는 것이 답이 된다. 1번은 오늘은 아직 게임을 안 한다고 해서 오답, 3번은 컴퓨터의 주인이 할 수 있는 말이므로 오답이 된다.

JLPT N4

실전모의테스트 1회

청해

もんだい1 ◎107

　もんだい1では、まず　しつもんを　聞いて　ください。それから　話を
聞いて、もんだいようしの　1から4の中から、いちばん　いい　ものを　一つ
えらんで　ください。

れい

1　今週の　木曜日

2　今週の　金曜日

3　来週の　木曜日

4　来週の　金曜日

1ばん

1

3

2

4

2ばん

1 会議室を チェックする。

2 資料を コピーする。

3 資料室で 写真を もらう。

4 部長に 行って くる。

3ばん

1

2

3
○○先生

4

4ばん

1　9時に　公園の　入り口

2　9時に　玄関

3　10時に　公園の　入り口

4　10時に　玄関

5ばん

1

2

3

4

6ばん

1 いちばん　前<ruby>前<rt>まえ</rt></ruby>の　<ruby>席<rt>せき</rt></ruby>

2 まん<ruby>中<rt>なか</rt></ruby>の　<ruby>席<rt>せき</rt></ruby>

3 いちばん　<ruby>後<rt>うし</rt></ruby>ろの　<ruby>席<rt>せき</rt></ruby>

4 べつべつの　<ruby>席<rt>せき</rt></ruby>

7ばん

1 つくえの 引_ひき出_だしの 中_{なか}

2 テレビの 上_{うえ}

3 くつばこの 上_{うえ}

4 さいふの 中_{なか}

8ばん

1 名前_{なまえ}と 住所_{じゅうしょ}を かく。

2 セーターを とりに いく。

3 家_{いえ}に 帰_{かえ}って レシートを さがす。

4 店_{みせ}に 電話_{でんわ}する。

もんだい2 ◎107

　もんだい2では、まず　しつもんを　聞いて　ください。そのあと、
もんだいようしを　見て　ください。読む　時間が　あります。それから　話を聞
いて、もんだいようしの　1から4の中から、いちばん　いいものを　一つ
えらんで　ください。

れい

　1　運動が　きらいだから

　2　ダイエットしたいから

　3　うちの　近くに　スポーツクラブが　できたから

　4　スポーツは　たのしいから

1ばん

1 まわりの 人が うるさいから

2 不便な ことが あるから

3 友だちが あと ふたり くるから

4 まどの 近くに すわりたいから

2ばん

1 まどの 近くに すわりたいから

2 水曜日では ないから

3 全部 売れたから

4 友だちが 買ったから

3ばん

1 体育館

2 家

3 教室

4 お弁当は　つくらない。

4ばん

1 図書館が　休みだから

2 海の　日だから

3 本屋に　行くから

4 友だちと　会うから

5ばん

1　3月22日ころ

2　3月26日ころ

3　3月30日ころ

4　5月に　なってから

6ばん

1　電車

2　バス

3　自転車

4　車

7ばん

1　こうさてん

2　小学校の　前

3　ようちえんの　前

4　けいさつの　前

もんだい3 107

 もんだい3では、えを 見ながら しつもんを 聞いて ください。
→(やじるし)の 人は 何と 言いますか。1から3の 中から、いちばん
いい ものを 一つ えらんで ください。

れい

1ばん

2ばん

3ばん

4ばん

5ばん

もんだい4 ◎107

　もんだい4では、えなどが　ありません。まず　ぶんを　聞いて　ください。
それから、その　へんじを　聞いて、1から　3の　中から、いちばん　いい　も
のを　一つ　えらんで　ください。

― メモ ―

N4

실전모의테스트
2회

청해

もんだい１ ◎108

　もんだい１では、まず　しつもんを　聞いて　ください。それから　話を
聞いて、もんだいようしの　１から４の中から、いちばん　いい　ものを　一つ
えらんで　ください。

れい

1　今週の　木曜日

2　今週の　金曜日

3　来週の　木曜日

4　来週の　金曜日

1ばん

1　仕事を　してから、病院に　行く。

2　会社を　やすんで　ゆっくり　ねる。

3　早く　家に　かえる。

4　会社で　くすりを　飲む。

2ばん

1　屋上の　駐車場

2　市の　駐車場

3　店の　前

4　公園の　中の　駐車場

3ばん

1

2

3

4

4ばん

1

2

3

4

5ばん

1 「幸せな 二人」を 朝 10時から 見る。

2 「幸せな 二人」を 夜 6時から 見る。

3 「あなたの 名前は」を 朝 10時から 見る。

4 「あなたの 名前は」を 夜 6時から 見る。

6ばん

1 スーパー

2 店

3 交番

4 駅

7ばん

1

2

3

4

8ばん

1 来年の　2月

2 今年の　12月

3 来週

4 飛行機を　予約する　とき

もんだい2 🔘108

　もんだい2では、まず　しつもんを　聞いて　ください。そのあと、もんだいしょうしを　見て　ください。読む　時間が　あります。それから　話を　聞いて、もんだいようしの　1から4の中から、いちばん　いいものを　一つ　えらんで　ください。

れい

　　1　運動が　きらいだから

　　2　ダイエットしたいから

　　3　うちの　近くに　スポーツクラブが　できたから

　　4　スポーツは　たのしいから

1ばん

1　コンピューター会社に　行く。

2　公務員に　なる。

3　外国に　留学する。

4　外国で　仕事を　する。

2ばん

1　ケータイを　かえたから。

2　電話番号を　忘れたから。

3　友だちから　電話が　かかって　くるから。

4　変な　電話が　かかって　くるから。

3ばん

1　しばらく　待つ。

2　ほかのバスに　乗り換える。

3　特急電車の　チケットを　買う。

4　特急電車を　利用する。

4ばん

1　交番で　教えて　もらった。

2　友だちに　教えて　もらった。

3　道で　会った　人に　教えて　もらった。

4　コンビニの　人に　教えて　もらった。

5ばん

1 新しい 図書館

2 古い 図書館

3 時計台

4 東京駅

6ばん

1 地下鉄の 駅までタクシーで 行く。

2 新宿まで タクシーで 行く。

3 中野駅まで タクシーで 行く。

4 ここで 降りて 歩いて 行く。

7ばん

1 留学（りゅうがく）する。

2 英語（えいご）の　本（ほん）を　たくさん　読（よ）む。

3 外国人（がいこくじん）の　先生（せんせい）と　話（はなし）をする。

4 宿題（しゅくだい）の　準備（じゅんび）を　する。

もんだい3 ◎108

もんだい3では、えを　見ながら　しつもんを　聞いて　ください。
→(やじるし)の　人は　何と　言いますか。1から　3の　中から、いちばん
いい　ものを　一つ　えらんで　ください。

れい

1ばん

2ばん

3ばん

4ばん

5ばん

もんだい4 ◎108

　もんだい4では、えなどが　ありません。まず　ぶんを　聞いて　ください。

それから、その　へんじを　聞いて、1から　3の　中から、いちばん　いい　も

のを　一つ　えらんで　ください。

― メモ ―

실전모의테스트 1회

청해														
문제 1	1	②	2	③	3	③	4	②	5	②	6	①	7	②
	8	③												
문제 2	1	③	2	③	3	③	4	①	5	②	6	①	7	②
문제 3	1	③	2	①	3	②	4	②	5	③				
문제 4	1	③	2	①	3	③	4	③	5	①	6	②	7	③
	8	②												

청해 ◎ 107

문제1

문제1에서는 먼저 질문을 들으세요. 그리고 이야기를 듣고 문제지의 1~4 중에서 가장 적당한 것을 하나 고르세요.

れい ▶ 01:04

学校で先生と学生が話しています。宿題はいつまでに出せばいいですか。

先生：これから宿題を出します。ノートに書いてください。

学生：えー、また宿題ですか。

先生：教科書の12ページにある漢字をぜんぶ書いてください。

学生：先生、いつまでに出せばいいですか。

先生：来週の木曜日は休みの日なので、金曜日までに出してください。

宿題はいつまでに出せばいいですか。
1 今週の 木曜日
2 今週の 金曜日
3 来週の 木曜日
4 来週の 金曜日

예

학교에서 선생님과 학생이 이야기하고 하고 있습니다. 숙제는 언제까지 제출하면 됩니까?

선생님 : 지금부터 숙제를 내겠습니다. 노트에 적어 주세요.

학생　 : 네? 또 숙제입니까?

선생님 : 교과서 12페이지에 있는 한자를 전부 써 주세요.

학생　 : 선생님 언제까지 제출하면 됩니까?

선생님 : 다음 주 목요일은 휴일이니까 금요일까지 제출해 주세요.

숙제는 언제까지 제출하면 됩니까?
1 이번 주 목요일
2 이번 주 금요일
3 다음 주 목요일
4 다음 주 금요일

いちばん いいものは 4ばんです。かいとうようしの もんだい 1の れいの ところを みて ください。いちばん いい ものは 4ばんですから、こたえは このように かきます。では はじめます。

가장 적당한 것은 4번입니다. 해답 용지의 문제 1의 예 부분을 보세요. 가장 적당한 것은 4번이므로 답은 이렇게 씁니다. 그럼 시작하겠습니다.

1ばん ▶ 02:05

男の学生が女の学生の引っ越しを手伝っています。男の学生はこの後まず何をしますか。

男：どのへやから片づける？

女：先にこのへやにあるものを外に出してほしいんだけど。その前にごみのふくろが必要ね。

男：じゃあ、近くのコンビニで買ってこようか。

女：だったらタオルも買ってきて。そうじもしなくちゃならないから。

男：わかった。ほかにはない？

女：あ、行く前に引っ越しセンターに何時にくるか電話で聞いてくれる？

男：きょうは携帯、持ってこなかったからきみがやって。

1번

남학생이 여학생의 이사를 도와주고 있습니다. 남학생은 이후에 우선 무엇을 합니까?

남 : 어느 방부터 정리할까?

여 : 먼저 이 방에 있는 것을 밖으로 내놓으면 좋겠는데. 그 전에 쓰레기봉투가 필요해.

남 : 그럼, 근처에 있는 편의점에서 사 올까?

여 : 그렇다면, 타월도 사 와. 청소도 해야 하니까.

남 : 알았어. 다른 건 없어?

여 : 아, 가기 전에 이삿짐 센터에, 몇 시에 오는지 전화로 물어봐 줄래?

남 : 오늘은 핸드폰을 안 가지고 왔으니까 네가 해.

男の学生はこのあとまず何をしますか。

남학생은 이 후에 우선 무엇을 합니까?

정답 2 **문제유형** 과제이해

어휘 かたづける 정리하다 | 先に 먼저 | ごみぶくろ 쓰레기봉투 | ほかに 그 외에 | 引っ越しセンター 이삿짐 센터 | 持ってくる 가지고 오다

해설 여자가 남자에게 먼저 이 방에 있는 것을 밖으로 내놓으면 좋겠고, 그 전에 쓰레기봉투가 필요하다고 말한다. 남자가 편의점에 물건을 사러 가는 내용이 나오므로 정답은 2번이다. 마지막 부분에 여자가 남자에게 이삿짐 센터에 전화를 해 달라고 부탁하지만 남자가 핸드폰을 가지고 있지 않아 거절하는 내용이 나오므로 4번은 오답이다.

2ばん ▶ 03:10

男の人と女の人が話しています。女の人はこれから何をしますか。

男：あした、新しく入った人たちへの説明会があるけど、準備はできた？
女：これから会議室をチェックして資料のコピーをするつもりです。
男：会議室はさっき見たからいいよ。資料をコピーする前に、新しい工場の写真ができたそうだから、資料の中に入れてくれないかな。
女：写真はどこにあるんでしょうか。
男：資料室でもらったらいいよ。私は部長のところに行ってくる。

女の人はこれから何をしますか。
1 会議室を　チェックする。
2 資料を　コピーする。
3 資料室で　写真を　もらう。
4 部長に　行って　くる。

2번

남자와 여자가 이야기하고 있습니다. 여자는 앞으로 무엇을 합니까?

남 : 내일, 새로 들어온 사람들을 위한 설명회가 있는데, 준비는 됐어?
여 : 이제부터 회의실을 체크하고 자료 복사를 할 예정입니다.
남 : 회의실은 아까 봤으니까 됐어. 자료를 복사하기 전에, 새 공장의 사진이 다 되었다고 하니까, 자료 안에 넣어 주지 않을래?
여 : 사진은 어디에 있나요?
남 : 자료실에서 받으면 돼. 나는 부장님에게 갔다 올게.

여자는 앞으로 무엇을 합니까?
1 회의실을 체크한다.
2 자료를 복사한다.
3 자료실에서 사진을 받는다.
4 부장님에게 다녀온다.

정답 3 **문제유형** 과제이해

어휘 説明会 설명회 | 準備 준비 | 会議室 회의실 | 工場 공장 | 資料 자료 | 写真 사진 | 部長 부장님

해설 설명회 준비를 하고 있는 상황. 여자가 회의실을 체크하고 자료를 복사할 예정이라고 말했지만 남자가 회의실 체크는 했으니까 자료를 복사하기 전에 새로운 공장 사진을 자료에 넣어 달라고 부탁하며 사진은 자료실에서 받으면 된다고 했으므로 여자는 사진을 받으러 자료실로 갈 것이다. 따라서 정답은 3번이다.

<table>
<tr><td>

3ばん ▶ 04:10

男の学生と女の学生が話をしています。女の学生は何をプレゼントしますか。

女：卒業式のあと、先生にプレゼントをおくりたいんだけど、どう思う？

男：いいと思うけど、先生におくるものって何がいいのかな。

女：お花をあげても長く残らないし、学生が先生に本をあげるのも失礼だし…。

男：時計はどうかな。

女：そんな高いもの無理でしょ！

男：マグカップくらいならだいじょうぶ？

女：それ、いいね。それに先生の名前を入れてもらって…。

男：そうだね。じゃあ、そうしよう。

女の学生は何をプレゼントしますか。

</td><td>

3번

남학생과 여학생이 이야기하고 있습니다. 여학생은 무엇을 선물합니까?

여 : 졸업식 후에, 선생님에게 선물을 보내고 싶은데, 어떻게 생각해?

남 : 좋은 것 같은데, 선생님에게 보내는 건 뭐가 좋을까?

여 : 꽃을 줘도 오래 가지 않을 거고 학생이 선생님에게 책을 주는 것도 실례이고….

남 : 시계는 어떨까?

여 : 그런 비싼 건 무리지!

남 : 머그컵 정도라면 괜찮아?

여 : 그거 좋다. 거기에 선생님 이름을 넣어 달라고 하고.

남 : 그렇네. 그럼 그렇게 하자.

여학생은 무엇을 선물합니까?

</td></tr>
</table>

1　　　2

3　　　4　

정답 3　**문제유형** 과제이해

어휘 卒業式 졸업식 | 残る 남다 | 失礼 실례

해설 선생님께 드릴 선물에 대해 의논하고 있는 상황. 꽃은 오래 가지 않아서 안 되고 학생이 선생님께 책을 드리는 것도 실례고 시계는 비싸서 안 된다고 했다. 결국 머그컵에 선생님 이름을 넣기로 결정했으므로 3번이 정답이다.

<table>
<tr><td>

4ばん ▶ 05:17

マンションでお知らせをしています。建物のそうじをする人は何時にどこへ集まらなければなりませんか。

女：マンションのみなさんにお知らせします。来週の日曜日にたてもののそうじをおこないます。また、前の公園では草とりとごみひろいをしますので、ぜひさんかしてください。たてもののそうじは玄関前に朝9時に集まってください。公園のそうじは入り口で10時から始めます。さんかする人はタオルとてぶくろをもってきてください。

</td><td>

4번

맨션에서 공지 사항을 말하고 있습니다. 건물 청소를 하는 사람은 몇 시에 어디로 모여야 합니까?

여 : 맨션 주민 여러분께 안내 말씀 드립니다. 다음 주 일요일에 건물 청소를 하겠습니다. 또한 앞에 있는 공원에서는 잡초 뽑기와 쓰레기 줍기를 하므로 꼭 참가해 주세요. 건물 청소는 현관 앞에 아침 9시에 모여주세요. 공원 청소는 입구에서 10시부터 시작합니다. 참가할 분은 수건과 장갑을 가지고 와 주세요.

</td></tr>
</table>

建物_{たてもの}のそうじをする人_{ひと}は何時_{なんじ}にどこへ集_{あつ}まらなければなりませんか。

1　9時_じに　公園_{こうえん}の　入_いり口_{ぐち}
2　9時_じに　玄関_{げんかん}
3　10時_じに　公園_{こうえん}の　入_いり口_{ぐち}
4　10時_じに　玄関_{げんかん}

건물 청소를 하는 사람은 몇 시에 어디로 모여야 합니까?

1　9시에 공원 입구
2　9시에 현관
3　10시에 공원 입구
4　10시에 현관

정답 2　**문제유형** 과제이해

어휘 お知らせ 알림, 공지 사항 | たてもの 건물 | おこなう 행하다 | 草_{くさ}とり 잡초 뽑기 | ごみひろい 휴지 줍기 | ぜひ 꼭 | さんか 참가 | 玄関_{げんかん} 현관 | 入口_{いりぐち} 입구 | タオル 타월, 수건 | てぶくろ 장갑

해설 맨션 주민에게 건물 청소와 공원 청소에 대한 공지를 하고 있다. 건물 청소(たてもののそうじ)를 하는 사람은 몇 시에 어디로 모이는지 묻는 문제이므로 건물 청소에 대한 부분을 잘 들어 보면, 현관 앞으로 아침 9시에 모여 달라고 하고 있다. 따라서 정답은 2번이다.

5ばん ▶ 06:25

男_{おとこ}の人_{ひと}と女_{おんな}の人_{ひと}が話_{はなし}をしています。女_{おんな}の人_{ひと}はこのあと何_{なに}をしますか。

女：あれ、きょうは土曜日_{どようび}なのに会社_{かいしゃ}に行_いくの？
男：うん。1か月_{げつ}に1回_{かい}、午前中_{ごぜんちゅう}だけ会議_{かいぎ}があるんだ。
女：じゃあ、お昼_{ひる}はわたしが会社_{かいしゃ}のほうに行_いくからいっしょに食_たべない？
男：いいよ。会社_{かいしゃ}の近_{ちか}くにおいしいレストランがあるから。
女：今_{いま}からせんたくをして、終_おわってからお弁当_{べんとう}をつくるから公園_{こうえん}にでも行_いって食_たべるのはどう？
男：それもいいな。じゃ会議_{かいぎ}が終_おわったら電話_{でんわ}するよ。

5번

남자와 여자가 이야기하고 있습니다. 여자는 이후에 무엇을 합니까?

여 : 어? 오늘 토요일인데 회사에 가?
남 : 응. 한 달에 한 번, 오전 중에 회의가 있거든.
여 : 그럼, 점심은 내가 회사 쪽으로 갈 테니까 같이 안 먹을래?
남 : 좋아. 회사 근처에 맛있는 레스토랑이 있어.
여 : 지금부터 세탁하고, 끝나고 나서 도시락을 만들 테니까 공원에라도 가서 먹는 건 어때?
남 : 그것도 좋겠네. 그럼 회의가 끝나면 전화할게.

女_{おんな}の人_{ひと}はこのあと何_{なに}をしますか。

여자는 이후에 무엇을 합니까?

1　
2　
3　
4

정답 2　**문제유형** 과제이해

어휘 会議_{かいぎ} 회의 | お弁当_{べんとう} 도시락 | せんたく 세탁

해설 순서대로 정리하면 '세탁→(끝나고 나서) 도시락 만들기→공원에 가서 먹기'가 되므로 정답은 2번이다.

映画館のチケット売り場で男の人と女の人が話しています。2人はどの席にすわりますか。

영화관 매표소에서 남자와 여자가 이야기하고 있습니다. 두 사람은 어느 자리에 앉습니까?

男：2人いっしょにすわれるのはいちばん前か、いちばん後ろしかないね。

女：いちばん前じゃつかれちゃうね。音もうるさいし…。

男：じゃ、後ろに行こうか。

女：でもこんなに遠かったら、出ている人の顔がよく見えなさそう。

男：そしたら、まん中でべつべつにすわって見る？

女：それはいやよ。少しつかれてもこの席にしよう。

男：決まり。この席2まいください！

남 : 둘이서 같이 앉을 수 있는 건 가장 앞이나 가장 뒤밖에 없네.

여 : 제일 앞이면 피곤해지지. 소리도 시끄럽고.

남 : 그럼 뒤로 갈까?

여 : 하지만 이렇게 멀면 나오는 사람 얼굴이 잘 안 보일 것 같아.

남 : 그러면 가운데에 따로따로 앉아서 볼까?

여 : 그건 싫어. 좀 피곤해도 이 자리에 앉자.

남 : 결정! 이 자리 두 장 주세요.

2人はどの席にすわりますか。

1　いちばん　前の　席
2　まん中の　席
3　いちばん　後ろの　席
4　べつべつの　席

두 사람은 어느 자리에 앉습니까?

1　가장 앞 자리
2　가운데 자리
3　가장 뒷자리
4　따로 앉는 자리

정답 1　**문제유형** 과제이해

어휘 売り場 매장 | すわる 앉다 | うるさい 시끄럽다 | まんなか 한 가운데 | べつべつに 따로따로 | 決まり 결정

해설 둘이 함께 앉을 수 있는 자리는 맨 앞자리와 맨 뒷자리, 중앙에 앉으려면 두 사람이 따로 앉아야 하는 상황이다. 맨 앞자리는 피곤해지고 소리도 시끄러워서 싫고, 맨 뒷자리는 출연자의 얼굴이 잘 안 보일 것 같아서 싫다고 하지만, 결국 같이 앉기 위해 '피곤해도 이 자리'라고 말하므로 맨 앞자리인 1번이 정답이다.

お母さんと娘が話しています。娘は帰ってから自転車のカギをどこにおきますか。

엄마와 딸이 이야기하고 있습니다. 딸은 집에 돌아 와서 자전거 열쇠를 어디에 놓습니까?

娘：お母さん、ちょっと買い物に行くんだけど、自転車のカギかして。

母：あ、そう。ちょっとつくえの引き出し見てくれる？

娘：引き出しには入ってないよ。

母：じゃ、テレビの上にない？それか、玄関のくつばこの上。

娘：どっちにもないよ。どこか落としちゃったんじゃない？

母：そんなはずないよ。あ、ごめん、ここね。さいふの中に入れてあった！

娘：もう。帰ったらテレビの上に置いておくよ。

딸 : 엄마, 잠깐 물건 사러 나가는데 자전거 열쇠 빌려줘.

엄마 : 아, 그래. 잠깐 책상 서랍 봐 줄래?

딸 : 서랍에는 없어.

엄마 : 그럼, TV 위에 없어? 그렇지 않으면 현관 신발장 위.

딸 : 어디에도 없어. 어딘가 떨어트린 거 아니야?

엄마 : 그럴 리 없어. 아, 미안, 여기다. 지갑 안에 있었어!

딸 : 아이 참. 돌아오면 TV 위에 올려놓을게.

娘は帰ってから、**自転車のカギを**どこにおきますか。

1　つくえの　引き出しの　中
2　テレビの　上
3　くつばこの　上
4　さいふの　中

딸은 집에 돌아 와서 자전거 열쇠를 어디에 놓습니까?

1　책상 서랍 속
2　TV 위
3　신발장 위
4　지갑 안

정답　2　**문제유형**　과제이해

어휘　カギ 열쇠｜引き出し 서랍｜玄関 현관｜くつばこ 신발장｜落とす 떨어트리다

해설　열쇠가 있을 만한 장소로 서랍, TV 위, 현관 신발장 위 등을 언급했지만 열쇠가 있었던 곳은 지갑 안이었고 딸이 집에 돌아오면 TV 위에 올려놓겠다고 했으므로 정답은 2번이다.

8ばん　▶ 09:43

デパートでお客さんと店の人が話しています。お客さんはこのあと何をしますか。

客　　：すみません。きのうここでセーターを買ったんですが、ちょっと小さかったんで、大きいのにかえてもらえますか。
店の人：はい。それではレシートをお願いします。
客　　：あ、レシートはないんですけど、名前や住所をかいてもだめですか。
店の人：規則なものですから…。こちらで買ったかどうかがわからないと。
客　　：じゃ、家に帰ってさがしてみます。
店の人：申し訳ございません。もし見つからなかったらお電話ください。

お客さんはこのあと何をしますか。
1　名前と　住所を　かく。
2　セーターを　とりに　行く。
3　家に　帰って　レシートを　さがす。
4　店に　電話する。

8번

백화점에서 손님과 점원이 이야기하고 있습니다. 손님은 이후 무엇을 합니까?

손님：미안합니다. 어제 여기에서 스웨터를 샀는데요.
　　　 좀 작아서 큰 것으로 바꿔 줄 수 있나요?
점원：네. 그럼 영수증을 부탁드리겠습니다.
손님：아, 영수증은 없는데 이름하고 주소를 써도 안 되나요?
점원：규칙이라서요. 이쪽에서 샀는지 아닌지 모르면.
손님：그럼 집에 가서 찾아 보겠습니다.
점원：죄송합니다. 혹시 못 찾으면 전화 주세요.

손님은 이후 무엇을 합니까?
1　이름과 주소를 쓴다.
2　스웨터를 가지러 간다.
3　집에 가서 영수증을 찾는다.
4　가게에 전화한다.

정답　3　**문제유형**　과제이해

어휘　セーター 스웨터｜かえる 바꾸다｜レシート 영수증｜規則 규칙｜さがす 찾다｜申し訳ございません 죄송합니다｜もし 만일｜見つかる 발견되다, 나타나다

해설　옷 가게에서 스웨터를 교환하려는 상황. 교환을 위해서는 이 상점에서 산 것인지 확인하기 위해 영수증이 필요하다고 말하고 있으며 손님은 지금 영수증을 갖고 있지 않아 집에 가서 찾아 보겠다고 한다. 따라서 정답은 3번이다.

問題2

문제2에서는 먼저 질문을 들어 주세요. 그 다음 문제용지를 봐 주세요. 읽는 시간이 있습니다. 그리고 이야기를 듣고 문제용지의 1에서 4 중에서 가장 적당한 것을 하나 고르세요.

れい ▶ 11:22

女の人と男の人が話しています。男の人はどうして
スポーツクラブに入ったのですか。

女：スポーツクラブ、入ったの？
男：うん。運動するの嫌いだったんだけど。
女：じゃ、どうして？ダイエット？
男：ちがうよ。家の近くにできたからなんだ。
女：そう。で、楽しい？
男：うん、やってみたら楽しいよ。

男の人はどうしてスポーツクラブに入ったのですか。
1　運動が　きらいだから
2　ダイエットしたいから
3　うちの　近くに　スポーツクラブが　できたから
4　スポーツは　たのしいから

예

여자와 남자가 이야기하고 있습니다. 남자는 왜 스포츠 클럽에 들어갔습니까?

여 : 스포츠 클럽 들어갔어?
남 : 응, 운동하는 거 싫었지만.
여 : 그럼, 왜? 다이어트?
남 : 아니야. 집 근처에 생겼기 때문이야.
여 : 그래. 그래서 재미있어?
남 : 응. 해 보니 즐거워.

남자는 왜 스포츠 클럽에 들어간 것입니까?
1　운동을 싫어하기 때문에
2　다이어트를 하고 싶기 때문에
3　집 근처에 스포츠 클럽이 생겼기 때문에
4　스포츠는 즐겁기 때문에

いちばんいいものは3ばんです。解答用紙のもんだい2の例のところをみてください。一番いいものは3番ですから、こたえはこのようにかきます。では、はじめます。

가장 적당한 것은 3번입니다. 해답 용지의 문제2의 예 부분을 보세요. 가장 적당한 것은 3번 이므로 답은 이렇게 씁니다. 그럼 시작하겠습니다.

1ばん ▶ 12:40

女の人がお店の人と話しています。女の人はどうし
て席をかわりましたか。

女　　　：すみません。ちょっとほかの席にかわって
　　　　　もいいですか。
店の人：おひとり様はこちらになっているんです
　　　　　が、何かご不便なことがございますか。
女　　　：いま、友だちから連絡があって、あとふた
　　　　　り来ることになったんです。
店の人：では、まどの近くの席でよろしいでしょう
　　　　　か。あちらは、4名様までおすわりになれ
　　　　　ます。
女　　　：そうですね。じゃあ、それでお願いします。

女の人はどうして席をかわりましたか。
1　まわりの　人が　うるさいから
2　不便な　ことが　あるから
3　友だちが　あと　ふたり　くるから
4　まどの　近くに　すわりたいから

1번

여자가 점원과 이야기하고 있습니다. 여자는 왜 자리를 바꾸었습니까?

여　　：미안합니다. 다른 자리로 좀 바꿔도 됩니까?
점원：한 분은 이쪽으로 되어 있는데요, 무언가 불편하신 점이 있습니까?
여　　：지금 친구한테서 연락이 와서 앞으로 두 사람이 오기로 되었거든요.
점원：그럼, 창문에 가까운 자리로 괜찮을까요. 저쪽은 네 분까지 앉으실 수 있습니다.
여　　：그렇군요. 그럼 그걸로 부탁드립니다.

여자는 왜 자리를 바꾸었습니까?
1　주변 사람이 시끄러워서
2　불편한 점이 있어서
3　친구가 앞으로 두 사람 더 오기 때문에
4　창문 근처에 앉고 싶기 때문에

정답 **3** 문제유형 포인트이해

어휘 席 자리, 좌석 | かわる 바꾸다 | 不便な 불편한 | 連絡 연락

해설 여자가 지금 앉아 있는 자리는 혼자 온 손님을 위한 자리인데 친구 두 사람이 온다는 연락을 받고 세 명이 앉을 수 있는 자리로 옮기려고 하므로 정답은 3번이다.

2ばん ▶ 14:03

<ruby>男<rt>おとこ</rt></ruby>の<ruby>学生<rt>がくせい</rt></ruby>が<ruby>本<rt>ほん</rt></ruby>を<ruby>買<rt>か</rt></ruby>おうとしています。<ruby>男<rt>おとこ</rt></ruby>の<ruby>学生<rt>がくせい</rt></ruby>はどうして<ruby>教科書<rt>きょうかしょ</rt></ruby>が<ruby>買<rt>か</rt></ruby>えませんでしたか。

男：あの、<ruby>学生課<rt>がくせいか</rt></ruby>で<ruby>聞<rt>き</rt></ruby>いたんですが、<ruby>教科書<rt>きょうかしょ</rt></ruby>はこちらで<ruby>売<rt>う</rt></ruby>っていますか。
女：あ、はい。どんな<ruby>教科書<rt>きょうかしょ</rt></ruby>ですか。
男：<ruby>英語<rt>えいご</rt></ruby>の<ruby>教科書<rt>きょうかしょ</rt></ruby>ですが、<ruby>先生<rt>せんせい</rt></ruby>が<ruby>水曜日<rt>すいようび</rt></ruby>までに<ruby>買<rt>か</rt></ruby>うようにって。
女：ああ、この<ruby>本<rt>ほん</rt></ruby>はいまこちらになくて。また<ruby>入<rt>はい</rt></ruby>る<ruby>予定<rt>よてい</rt></ruby>ですから<ruby>予約<rt>よやく</rt></ruby>しておきましょうか。
男：ええ？<ruby>友<rt>とも</rt></ruby>だちはきのう<ruby>買<rt>か</rt></ruby>ったって<ruby>言<rt>い</rt></ruby>ってたけど。
女：すみません。きのうの<ruby>夕方<rt>ゆうがた</rt></ruby>まではあったんですが…。

<ruby>男<rt>おとこ</rt></ruby>の<ruby>学生<rt>がくせい</rt></ruby>はどうして<ruby>教科書<rt>きょうかしょ</rt></ruby>が<ruby>買<rt>か</rt></ruby>えませんでしたか。
1 <ruby>教科書<rt>きょうかしょ</rt></ruby>を　<ruby>売<rt>う</rt></ruby>って　いないから
2 <ruby>水曜日<rt>すいようび</rt></ruby>では　ないから
3 <ruby>全部<rt>ぜんぶ</rt></ruby>　<ruby>売<rt>う</rt></ruby>れたから
4 <ruby>友<rt>とも</rt></ruby>だちが　<ruby>買<rt>か</rt></ruby>ったから

2번

남학생이 책을 사려고 하고 있습니다. 남학생은 왜 교과서를 사지 못했습니까?

남 : 저, 학생과에서 들었는데요, 교과서는 이쪽에서 팔고 있나요?
여 : 아, 네. 어떤 교과서인가요?
남 : 영어 교과서인데요, 선생님이 수요일까지 사라고 했어요.
여 : 아아, 이 책은 지금 이쪽에 없고요. 또 들어올 예정이니 예약해 놓을까요?
남 : 네? 친구들은 어제 샀다고 했는데.
여 : 죄송합니다. 어제 저녁까지는 있었는데….

남학생은 왜 교과서를 사지 못했습니까?
1 교과서를 팔지 않기 때문에
2 수요일이 아니기 때문에
3 전부 팔렸기 때문에
4 친구가 샀기 때문에

정답 **3** 문제유형 포인트이해

어휘 教科書 교과서 | 学生課 학생과 | 予定 예정 | 夕方 저녁 무렵

해설 여자가 지금은 책이 없다고 했고, 마지막 부분에서 어제 저녁까지는 있었다고 했으므로 책이 모두 팔렸다는 것을 알 수 있다. 따라서 정답은 3번이다.

3ばん ▶ 15:27

<ruby>お母<rt>かあ</rt></ruby>さんと<ruby>子<rt>こ</rt></ruby>どもが<ruby>話<rt>はな</rt></ruby>しています。<ruby>子<rt>こ</rt></ruby>どもは<ruby>明日<rt>あした</rt></ruby>の<ruby>運動会<rt>うんどうかい</rt></ruby>で<ruby>雨<rt>あめ</rt></ruby>がふったらお<ruby>弁当<rt>べんとう</rt></ruby>はどこで<ruby>食<rt>た</rt></ruby>べますか。

母　　　：ねえ、あしたの<ruby>運動会<rt>うんどうかい</rt></ruby>、<ruby>雨<rt>あめ</rt></ruby>がふるっていってたけど、どうするの？
子ども：あしたの<ruby>朝<rt>あさ</rt></ruby>、8<ruby>時<rt>じ</rt></ruby>に<ruby>雨<rt>あめ</rt></ruby>がふっていれば<ruby>体育館<rt>たいいくかん</rt></ruby>でするって。
母　　　：そう。じゃ、お<ruby>弁当<rt>べんとう</rt></ruby>は？
子ども：もし<ruby>体育館<rt>たいいくかん</rt></ruby>でするようになったら、1<ruby>時<rt>じ</rt></ruby>には<ruby>終<rt>お</rt></ruby>わるから<ruby>帰<rt>かえ</rt></ruby>って<ruby>家<rt>いえ</rt></ruby>で<ruby>食<rt>た</rt></ruby>べてもいいみたい。
母　　　：それなら<ruby>作<rt>つく</rt></ruby>らなくてもいいのね。
子ども：でも、<ruby>友<rt>とも</rt></ruby>だちはみんな<ruby>教室<rt>きょうしつ</rt></ruby>で<ruby>食<rt>た</rt></ruby>べてから<ruby>帰<rt>かえ</rt></ruby>るっていうから、ぼくも<ruby>持<rt>も</rt></ruby>っていきたいな。
母　　　：わかった。

3번

엄마와 아이가 이야기하고 있습니다. 아이는 내일 운동회에서 비가 오면 도시락을 어디에서 먹습니까?

엄마 : 저기, 내일 운동회, 비가 온다고 하던데, 어떻게 하니?
아이 : 내일 아침 8시에 비가 오면 체육관에서 한대.
엄마 : 그래. 그럼 도시락은?
아이 : 혹시 체육관에서 하게 되면 1시에는 끝나니까 집에 가서 먹어도 되는 것 같아.
엄마 : 그렇다면 만들지 않아도 되겠네.
아이 : 하지만 친구들은 모두 교실에서 먹고 집에 간다고 하니까 나도 가져가고 싶어.
엄마 : 알았어.

子どもは明日の運動会で雨がふったらお弁当はどこで食べますか。
1 体育館
2 家
3 教室
4 お弁当は　つくらない。

아이는 내일 운동회에서 비가 오면 도시락을 어디에서 먹습니까?
1 체육관
2 집
3 교실
4 도시락은 만들지 않는다.

정답 3 　문제유형 포인트이해

어휘 運動会 운동회 | 体育館 체육관 | 教室 교실

해설 비가 오면 체육관에서 운동회를 한다고 하고 그런 경우 1시에는 끝나기 때문에 집에 돌아와서 먹어도 되지만, 친구들이 모두 교실에서 먹고 귀가한다고 하기 때문에 아이도 도시락을 가지고 가고 싶다고 말한다. 아이도 친구들과 함께 교실에서 도시락을 먹고 싶어하므로 정답은 3번이다.

4ばん ▶ 16:55
男の学生と女の学生が話しています。男の学生はどうして図書館にいきませんか。男の学生です。

男：ねえ、図書館いっしょに行かない？
女：きょうは月曜日だから図書館、休みでしょ。
男：ええ？でも先週はやってたよ。
女：先週は月曜が海の日だったから、かわりに火曜日が休みだったのよ。
男：そうか、じゃ本屋にでも行こうかな。きみは？
女：きょうは買い物してから、友だちと会うことになってるの。

男の学生はどうして図書館にいきませんか。男の学生です。
1 図書館が　休みだから
2 海の　日だから
3 本屋に　行くから
4 友だちと　会うから

4번
남학생과 여학생이 이야기하고 있습니다. 남학생은 왜 도서관에 가지 않습니까? 남학생입니다.

남 : 저기, 도서관 같이 안 갈래?
여 : 오늘은 월요일이니까 도서관 휴일이잖아.
남 : 어? 하지만 지난주는 했었어.
여 : 지난주는 월요일이 바다의 날이었기 때문에 대신에 화요일이 휴일이었던거야.
남 : 그렇구나. 그럼 서점에라도 갈까. 너는?
여 : 오늘은 쇼핑하고 나서 친구랑 만나기로 되어 있어.

남학생은 왜 도서관에 가지 않습니까? 남학생입니다.
1 도서관이 휴일이라서
2 바다의 날이라서
3 서점에 가기 때문에
4 친구와 만나기 때문에

정답 1 　문제유형 포인트이해

어휘 図書館 도서관 | 休み 휴일 | 海の日 바다의 날(축일의 하나) | かわりに 대신에 | 本屋 서점

해설 여기서는 오늘은 월요일이라 도서관이 쉬는 날이라는 내용이 중요하다. 도서관이 쉬는 날이라 갈 수 없는 것이므로 정답은 1번이다. 지난주 월요일에 예외적으로 도서관이 개관했던 내용은 혼란을 주기 위한 것이므로 주의해야 한다.

5ばん ▶ 18:22
天気予報を聞いています。東京はいつごろさくらの花が咲きますか。

5번
일기예보를 듣고 있습니다. 도쿄는 언제쯤 벚꽃이 핍니까?

男 : 朝や夜はまだ寒い日がつづきますが、きょうは、全国でさくらがいつごろ咲くか、お知らせします。西のほうから、九州地方は３月22日ころ、大阪や京都は３月30日ころ、東京は３月26日ころですから大阪よりはやくなりそうです。そのあと、北海道の札幌では５月になってから咲くでしょう。

東京はいつごろさくらの花が咲きますか。

1　３月22日ころ
2　３月26日ころ
3　３月30日ころ
4　５月に　なってから

남 : 아침과 저녁은 아직 추운 날이 계속되는데, 오늘은 전국에서 벚꽃이 언제쯤 필지 알려 드리겠습니다. 서쪽에서부터 규슈 지방은 3월 22일 무렵, 오사카와 교토는 3월 30일 무렵, 도쿄는 3월 26일 무렵으로 오사카보다 빨라질 것 같습니다. 그 후, 홋카이도의 삿포로에서는 5월 이후에 피겠습니다.

도쿄는 언제쯤 벚꽃이 핍니까?

1　3월 22일 무렵
2　3월 26일 무렵
3　3월 30일 무렵
4　5월 이후

정답	2	문제유형	포인트이해

어휘 天気予報 일기예보 | つづく 계속되다 | 全国 전국 | 西 서쪽 | 地方 지방

해설 일기예보를 듣고 도쿄의 벚꽃이 피는 시기를 찾는 문제이다. 서쪽부터 규슈 지방은 3월 22일 무렵, 오사카와 교토는 3월 30일 무렵, 도쿄는 3월 26일 무렵이라고 했으므로 정답은 2번이다.

6ばん ▶ 19:43

男の人と女の人が話しています。男の人はいつも何に乗って会社に行きますか。男の人です。

男 : あーあ、休みもきょうで終わりか。人がいっぱい乗ってる電車でまた会社に行くのはいやだなあ。
女 : そうね。わたしもバスで行くのがいやだから、朝早く起きて歩いてるの。
男 : 家から会社まで近いんだね。ぼくは電車で１時間だから無理だな。
女 : 自転車に乗ったらいいんじゃない？
男 : 行くときはいいけど、帰りは暗くてあぶないから。
女 : 車で通うのはもっとあぶないし。会社の近くに引っ越すしかないかもね。

男の人はいつも何に乗って会社に行きますか。男の人です。

1　電車
2　バス
3　自転車
4　車

6번

남자와 여자가 이야기하고 있습니다. 남자는 항상 무엇을 타고 회사에 갑니까? 남자입니다.

남 : 아, 휴일도 오늘로 끝인가. 사람이 많이 타는 전철로 또 회사에 가는 것은 싫어.
여 : 맞아. 나도 버스로 가는 것이 싫어서 일찍 일어나서 걷고 있어.
남 : 집에서 회사까지 가깝지? 나는 전철로 한 시간이니까 무리야.
여 : 자전거를 타면 되지 않아?
남 : 갈 때는 괜찮은데 돌아올 때는 어두워서 위험해.
여 : 차로 다니는 것은 좀 더 위험하고. 회사 근처로 이사하는 수 밖에 없을지도 모르겠네.

남자는 항상 무엇을 타고 회사에 갑니까? 남자입니다.

1　전철
2　버스
3　자전거
4　자동차

정답	1	문제유형	포인트이해

어휘 電車 전철 | あぶない 위험하다 | 引っ越す 이사하다

해설 남자는 휴일이 끝나 내일부터 다시 (평소처럼) 만원 전철을 타고 출근할 것을 걱정하고 있는 상황. 남자는 회사에서 집까지 전철로 한 시간이 걸리기 때문에 걸어 갈 수도 없고 어두워진 후에 귀가하기 때문에 자전거도 위험하다고 말하고 있으므로 정답은 1번이다.

7ばん 📡 21:10

男の人と女の人が話をしています。事故はどこでおきましたか。

男：ニュース、見た？こうさてんで事故があって小学生がけがをしたって。

女：うん。でも、こうさてんじゃなくて、山田小学校の前の道路だって。

男：ああ、100メートルくらい行くとようちえんもあって、子どもが多いところだよね。

女：そうそう。いつもはけいさつの人が見ている場所なんだけどね。

男：時間がおそかったからだれもいなかったのかな…。

事故はどこでおきましたか。

1　こうさてん
2　小学校の　前
3　ようちえんの　前
4　けいさつの　前

7번

남자와 여자가 이야기하고 있습니다. 사고는 어디에서 일어났습니까?

남 : 뉴스 봤어? 사거리에서 사고가 나서 초등학생이 다쳤대.

여 : 응. 그런데 사거리가 아니고 야마다 초등학교 앞 도로래.

남 : 아, 100미터 정도 가면 유치원이 있어서, 아이들이 많이 있는 곳이지.

여 : 맞아 맞아. 평소에는 경찰이 보고 있는 장소인데.

남 : 시간이 늦어서 아무도 없었던 건가….

사고는 어디에서 일어났습니까?

1　사거리
2　초등학교 앞
3　유치원 앞
4　경찰 앞

정답 2 **문제유형** 포인트이해

어휘 事故 사고 | こうさてん 사거리 | ようちえん 유치원 | いつもは 평소에는 | けいさつ 경찰

해설 사고 장소를 묻고 있으므로 장소를 나타내는 표현을 집중해서 들어야 한다. 남자가 '사거리'라고 말했지만 여자가 '사거리가 아니라 야마다 초등학교 앞 도로래'라고 말하므로 정답은 2번이다.

문제3

문제3에서는 그림을 보면서 질문을 들어 주세요. →(화살표)한 사람은 뭐라고 말합니까? 1에서 3 중에서 가장 적당한 것을 하나 고르세요.

れい 📡 23:33

男：早く帰ることに なりました。会社の人に何といいますか。

女：1　そろそろかえりましょうか。
　　2　おさきにしつれいします。
　　3　もうかえりますか。

예

남 : 일찍 귀가하게 되었습니다. 회사 사람에게 뭐라고 말합니까?

여 : 1　이제 돌아갈까요?
　　2　먼저 실례하겠습니다.
　　3　벌써 가십니까?

一番 いいものは 2ばんです。回答用紙の 問題3の 例の ところを 見て ください。いちばん いいものは 2番です から、答えは このように 書きます。では はじめます。

가장 적당한 것은 2번입니다. 해답 용지의 문제 3의 예 부분을 보세요. 가장 적당한 것은 2번이므로 답은 이렇게 씁니다. 그럼 시작하겠습니다.

1ばん ▶▶ 24:18

女：前を 歩く 人の カバンから 何か 落ちました。何と いいますか。

男：1　あ、危ないですよ。

　　2　すみません、これ、落として しまいました。

　　3　あの、何か 落ちましたよ。

1번

앞에 걸어가는 사람의 가방에서 무언가 떨어졌습니다. 뭐라고 합니까?

남：1　아, 위험해요.

　　2　미안합니다. 이거 떨어트려버렸어요.

　　3　저, 무언가 떨어졌어요.

정답 3　**문제유형** 발화표현

어휘 落ちる 떨어지다 | 落とす 떨어트리다

해설 앞에서 걸어가는 여자의 가방에서 물건이 떨어졌으므로 여자에게 위험한 상황이 아니므로 1번은 오답. 「落としてし まいました」라고 하면 자신의 실수를 말하는 표현이므로 2번도 오답. 물건을 떨어트린 사람에게 그 사실을 알려 주는 표현으로 적당한 것은 3번이다.

2ばん ▶▶ 24:55

男：タクシーで 駅に 行きたいです。運転手さんに 何 と いいますか。

女：1　駅まで お願いします。

　　2　駅は、どう 行けば いいですか。

　　3　これ、駅に 行きますか。

2번

남：택시로 역에 가고 싶습니다. 기사에게 뭐라고 합니까?

여：1　역까지 부탁합니다.

　　2　역은 어떻게 가면 됩니까?

　　3　이거, 역에 갑니까?

정답 1　**문제유형** 발화표현

어휘 運転手さん 운전 기사

해설 보통 택시를 탔을 때 하는 말을 생각해 보면 자연스러운 답은 1번이다. 2번은 길을 물을 때 쓰는 표현이며 3번은 버스 를 탈 때 쓸 수 있는 표현이다.

3ばん ▶ 25:29

女：買い物をしてカードで払おうと思います。お店
　　の人に何といいますか。

男：1　あの、カードはわかりますか。

　　2　あの、カードでもいいですか。

　　3　あの、カードならいくらですか。

3번

여 : 쇼핑을 하고 카드로 돈을 내려고 합니다. 점원에게 뭐라
　　고 말합니까?

남 : 1　저기 카드는 알아요?

　　2　저기 카드로도 되나요?

　　3　저기 카드라면 얼마입니까?

정답 **2**　문제유형 발화표현

해설　계산대 앞에서 카드로 계산하려고 하는 상황. 1번은 카드를 아냐고 묻는 표현이므로 전혀 상황에 맞지 않고 카드로 해
　　도 괜찮냐고 묻는 2번이 정답. 3번은 카드로 하면 얼마냐고 묻는 표현이므로 어색하다.

4ばん ▶ 26:05

男：先生に聞きたいことがあります。何といいます
　　か。

女：1　先生、ここをちょっとおしえてもらいます。

　　2　先生、ここをちょっとおしえていただけま
　　　せんか。

　　3　先生、ここをちょっとおしえてあげましょ
　　　うか。

4번

남 : 선생님에게 묻고 싶은 것이 있습니다. 뭐라고 말합니까?

여 : 1　선생님, 여기를 좀 가르쳐 받겠습니다.

　　2　선생님, 여기를 좀 가르쳐 주시겠습니까?

　　3　선생님, 여기를 좀 가르쳐 드릴까요?

정답 **2**　문제유형 발화표현

해설　선생님에게는 정중하게 표현해야 하므로 존경표현 또는 겸양표현을 적절하게 사용한 문장을 찾아야 한다. 1번의「～
　　てもらいます」는 상대방에게 행위를 요구하는 표현이 되기 때문에 적절하지 않다. 2번의「～ていただけませんか」
　　는 상대방에게 정중하게 부탁할 때 사용하는 표현이므로 정답은 2번이다. 3번의「～てあげましょうか」는 내가 무언
　　가를 해 드려도 되겠냐는 표현이므로 이 상황에 맞지 않는 표현이다.

5ばん ▶ 26:45

女：男の人がはじめて会った人に名刺をわたします。何といいますか。

男：1　ごぶさたしています。
　　2　お先に失礼します。
　　3　どうぞよろしくお願いします。

5번

여 : 남자가 처음으로 만난 사람에게 명함을 건네줍니다. 뭐라고 말합니까?

남 : 1　격조했습니다.
　　2　먼저 실례하겠습니다.
　　3　모쪼록 잘 부탁드리겠습니다.

정답 3　**문제유형** 발화표현

해설 처음 만난 사람에게 명함을 건네며 할 수 있는 인사말을 찾아야 한다. 1번은 오랜만에 만난 사람에게 하는 인사이므로 오답. 2번은 자리에서 먼저 일어날 때 양해를 구하는 표현이므로 오답. 3번은 주로 처음 만난 사람에게 잘 부탁한다는 뜻으로 사용하는 인사말이므로 정답이다.

문제 4

문제 4에서는 그림 등은 없습니다. 먼저 문장을 들어 주세요. 그리고 응답을 듣고 1에서 3 중에서 가장 적당한 것을 하나 고르세요.

れい ▶ 27:43

女：お久しぶりですね。

男：1　ええ、きのうはありがとうございます。
　　2　ええ、すごいですね。
　　3　ええ、お元気でしたか。

예

여 : 오랜만이네요.

남 : 1　네, 어제는 고마웠습니다.
　　2　네, 대단하군요.
　　3　네, 건강하셨어요?

一番 いいものは 3ばんです。回答用紙の問題3の 例の ところを 見て ください。いちばん いいものは 3番ですから、答えは このように 書きます。では はじめます。

가장 적당한 것은 3번입니다. 해답 용지의 문제 4의 예 부분을 보세요. 가장 적당한 것은 3번이므로 답은 이렇게 씁니다. 그럼 시작하겠습니다.

1ばん ▶ 28:20

女：あしたの午後にしましょうか。

男：1　きょうはだいじょうぶです。
　　2　あしたは午後になります。
　　3　いつでもいいです。

1번

여 : 내일 오후로 할까요?

남 : 1　오늘은 괜찮습니다.
　　2　내일은 오후가 됩니다.
　　3　언제든지 좋습니다.

정답 3　**문제유형** 즉시응답

해설 '내일 오후로 할까요?'라는 표현으로 보아 시간을 정하려는 상황이라는 것을 알 수 있다. '내일 오후'를 제안하고 있는데 1번의 '오늘은 괜찮다' 표현은 어색하며, 같은 말을 반복하며 '내일은 오후가 가능하다'는 2번 표현도 어색하다. 가장 자연스러운 3번「いつでもいいです(언제든지 좋습니다)」가 정답이다.

2ばん ▶ 28:46

男：日本料理は食べたことありますか。

女：1　いいえ、これが初めてです。
　　2　はい、食べたいと思います。
　　3　そうですね。食べてみましょうか。

2번

남 : 일본 요리는 먹은 적이 있습니까?

여 : 1　아니요, 이 번이 처음입니다.
　　2　네, 먹고 싶다고 생각합니다.
　　3　그렇네요. 먹어 볼까요.

정답 1　**문제유형** 즉시응답

해설 일본 요리를 먹어 봤는지 묻고 있으므로 그에 대한 정확한 대답이 되는 표현을 골라야 한다. 따라서 '아니요, 이 번이 처음입니다'라고 대답한 1번이 정답이다. 2번은 경험의 유무에 대한 대답은 하지 않고 먹고 싶다는 의견을 말하고 있으므로 오답. 질문에 대한 대답이 되지 않는 3번도 오답이다.

3ばん ▶ 29:17

女：この映画おもしろいかな。

男：1　うん、そうしようか。
　　2　おもしろくなると思う。
　　3　友だちはおもしろいって言ってた。

3번

여 : 이 영화 재밌을까?

남 : 1　응, 그렇게 할까?
　　2　재밌어질 거라 생각해.
　　3　친구는 재미있다고 말했었어.

정답 3　**문제유형** 즉시응답

해설 '이 영화 재미있을까?'라는 말에 대한 자연스러운 대답을 찾아야 한다. 1번은 어떤 행위에 대한 동의나 결정을 할 때 쓸 수 있는 표현이므로 적절하지 않고 2번은 '재밌어질 거라 생각해'라고 말하므로 자신의 경험도 아니고 뜻이 모호해진다. '친구는 재미있다고 했다'라고 표현한 3번이 정답이다.

4ばん ▶ 29:45

男：留学して何を勉強しますか。

女：1　経済を勉強するらしいです。
　　2　経済を勉強してほしいです。
　　3　経済を勉強しようと思います。

4번

남 : 유학 가서 무엇을 공부합니까?

여 : 1　경제를 공부한다는 것 같아요.
　　2　경제를 공부하기를 바래요.
　　3　경제를 공부하려고 생각합니다.

정답 3　**문제유형** 즉시응답

해설 유학을 가서 무엇을 공부할 거냐고 직접 묻고 있는 표현이므로 본인의 계획을 말해야 한다. 1번과 2번은 모두 남이 주체가 되는 표현이므로 정답은 3번이다.

5ばん ▶ 30:15

女：ここに住んでどのくらいになりますか。

男：1　ここには2年前に引っ越してきました。
　　2　ここに来年から行く予定です。
　　3　まだどのくらいになるかわかりません。

5번

여 : 여기서 산지 얼마나 됐습니까?

남 : 1　여기에는 2년전에 이사 왔습니다.
　　2　여기에 내년부터 갈 예정입니다.
　　3　아직 얼마나 될지 모르겠습니다.

정답 1　**문제유형** 즉시응답

해설 이곳에 거주한지 얼마나 됐는지 묻는 표현에 올바른 대답을 찾으면 된다. 따라서 '이곳에 2년 전에 이사 왔다'라고 대답한 1번이 정답. 2번은 앞으로의 계획을 말하고 있는 데다가 지도를 보고 가리키는 게 아닌 이상 'ここ'라는 표현도 문장 안에서 맞지 않는다. 3번도 '아직 얼마나 되는지 모른다'라고 답하고 있으므로 적절한 대답이 아니다.

6ばん ▶ 30:48

男：そこに住所と名前を書いてください。

女：1　電話番号は書きました。

　　2　あ、ここですね。

　　3　そこに書いてありますよ。

6번

남 : 거기에 주소와 이름을 써주세요.

여 : 1　전화번호는 썼습니다.

　　2　아, 여기군요.

　　3　거기에 쓰여있어요.

정답 2　**문제유형** 즉시응답

해설 주소와 이름을 써 달라는 요구에 대해 '전화번호는 썼다'라고 대답한 1번은 적절하지 않고, 적을 곳을 확인하는 의미에서 'あ、ここですね(아, 여기군요?)'라고 말한 2번이 정답이다. 지금 써야 하는 상황인데 '거기에 쓰여 있다'고 대답한 3번은 오답이 된다.

7ばん ▶ 31:17

女：これ、3時までにできますか。

男：1　はい、きのうできました。

　　2　いいえ、さっきできたばかりです。

　　3　そうですね。それまでにはできるはずです。

7번

여 : 이거, 3시까지 됩니까?

남 : 1　네, 어제 다 됐어요.

　　2　아니요, 방금 다 됐어요.

　　3　그렇네요. 그때까지는 분명히 될 것입니다.

정답 3　**문제유형** 즉시응답

어휘 できる 완성 되다, 생기다

해설 3시까지 가능하겠냐는 물음에 1번 '네, 어제 다 됐어요'라는 대답과 2번 '아니요, 방금 다 됐어요'라는 대답은 올바른 대답이 아니므로 오답. '글쎄요. 그때까지는 분명히 될 겁니다'라고 대답한 3번이 정답이다.

8ばん ▶ 31:47

男：熱もあるし、かぜをひいたみたい。

女：1　風がふくから寒くなるって言ってた。

　　2　早く病院に行ったほうがいいよ。

　　3　きのうはたいへんだったね。

8번

남 : 열도 있고 감기 걸린 것 같아.

여 : 1　바람이 부니까 추워진다고 말했었어.

　　2　빨리 병원에 가는 편이 좋아.

　　3　어제는 힘들었었지.

정답 2　**문제유형** 즉시응답

해설 '열도 있고 감기에 걸린 것 같아'라는 말에 가장 어울리는 답을 찾으면 된다. 1번은 상대방이 감기에 걸린 것 같다고 하는데 단순히 날씨에 대해 말하고 있으므로 적절치 않으며, '빨리 병원에 가는 편이 좋다'고 걱정해 주는 2번이 정답. 3번은 '어제는 힘들었지'라고 말하고 있으므로 적절하지 않은 표현이다.

실전모의테스트 2회

문제1

문제1에서는 먼저 질문을 들으세요. 그리고 이야기를 듣고 문제지의 1~4 중에서 가장 적당한 것을 하나 고르세요.

れい ▶ 01:03

学校で先生と学生が話しています。宿題はいつまでに出せばいいですか。

先生：これから宿題を出します。ノートに書いてください。
学生：えー、また宿題ですか。
先生：教科書の12ページにある漢字をぜんぶ書いてください。
学生：先生、いつまでに出せばいいですか。
先生：来週の木曜日は休みの日なので、金曜日までに出してください。

宿題はいつまでに出せばいいですか。

1　今週の　木曜日
2　今週の　金曜日
3　来週の　木曜日
4　来週の　金曜日

예

학교에서 선생님과 학생이 이야기하고 하고 있습니다. 숙제는 언제까지 제출하면 됩니까?

선생님 : 지금부터 숙제를 내겠습니다. 노트에 적어 주세요.
학생　 : 네? 또 숙제입니까?
선생님 : 교과서 12페이지에 있는 한자를 전부 써 주세요.
학생　 : 선생님 언제까지 제출하면 됩니까?
선생님 : 다음 주 목요일은 휴일이니까 금요일까지 제출해 주세요.

숙제는 언제까지 제출하면 됩니까?

1　이번 주 목요일
2　이번 주 금요일
3　다음 주 목요일
4　다음 주 금요일

いちばん いいものは 4ばんです。かいとうようしの もんだい 1の れいの ところを みて ください。いちばん いいものは 4ばんですから、こたえは この ように かきます。では はじめます。

가장 적당한 것은 4번입니다. 해답 용지의 문제 1의 예 부분을 보세요. 가장 적당한 것은 4번이므로 답은 이렇게 씁니다. 그럼 시작하겠습니다.

1ばん ▶ 02:05

男の人と女の人が話をしています。このあと女の人は何をしますか。

男：どうしたの？何だか元気がないみたいだけど。
女：きのうから頭がいたくて。かぜをひいたみたい。
男：はやく病院に行ったほうがいいよ。
　　ことしのかぜは長くかかるっていうから。
女：でも、仕事が忙しいから。会社はやすめないし。
男：じゃあ、きょうは早く帰ったら？くすりだけでも飲んで！
女：そうだね。家にくすりはあるから。

このあと女の人は何をしますか。

1번

남자와 여자가 이야기하고 있습니다. 이후에 여자는 무엇을 합니까?

남 : 무슨 일 있어? 어쩐지 기운이 없는 것 같은데.
여 : 어제부터 머리가 아파서. 감기 걸린 것 같아.
남 : 빨리 병원에 가는 편이 좋아. 올해 감기는 오래 간다고 하니까.
여 : 하지만 일이 바쁘니까. 회사는 쉴 수도 없고.
남 : 그럼, 오늘은 일찍 집에 가면 어때? 약만이라도 먹어!
여 : 그러네. 집에 약이 있으니까.

이후에 여자는 무엇을 합니까?

1 仕事を してから、病院に 行く。	1 일을 하고 나서 병원에 간다.
2 会社を やすんで ゆっくり ねる。	2 회사를 쉬고 푹 잔다.
3 早く 家に かえる。	3 일찍 집에 간다.
4 会社で くすりを 飲む。	4 회사에서 약을 먹는다.

정답 3 **문제유형** 과제이해

어휘 どうしたの 무슨 일이야, 어떻게 된 거야 | なんだか 어쩐지 | 元気がない 기운이 없다 | かぜを ひく 감기 걸리다 | ことし 올해 | 長く 오래

해설 마지막 대화에서 남자는 오늘은 일찍 집에 들어가서 약만이라도 먹으라고 제안했고 여자는 집에 약이 있다고 수긍했다. 그러므로 정답은 3번이다. 「くすりだけでも飲んで！」를 듣고 선택지 4번과 혼동해서는 안 된다. 약은 집에 있다고 했으므로 먼저 집에 가고 집에 가서 약을 먹는 것이 순서이다.

2ばん ▶ 03:06

男の人と店の人が話しています。男の人は車をどこにとめますか。

男　　：あのう、ここで買い物するんですけど、車はどこにとめればいいですか。

店の人：すみません。屋上の駐車場がいま、いっぱいなんですよ。
　　　　30分くらい待てば空くと思いますが。

男　　：ええっ！30分も待てないな。他にとめるところはないんですか。

店の人：ここから右に100mくらい行くと市の駐車場がありますよ。
　　　　1時間で300円ですけど。

男　　：お金をはらうのはいやだなあ。店の前にとめたらだめ？10分で出てきますから。

店の人：それはこまりますね。遠くてよければ、公園の中にもありますけど。
　　　　あっ、いま１台空きましたね。じゃあ、こちらから入ってください。

男　　：ありがとう。よかった！

男の人は車をどこにとめますか。
1 屋上の 駐車場
2 市の 駐車場
3 店の 前
4 公園の 中の 駐車場

2번

남자와 가게 사람이 이야기하고 있습니다. 남자는 차를 어디에 세웁니까?

남　：저, 여기에서 물건을 살 건데요. 차는 어디에 세우면 됩니까?

점원：죄송합니다. 옥상 주차장은 지금 꽉 찼어요. 30분 정도 기다리면 빌 것 같습니다만.

남　：네? 30분이나 기다릴 수는 없는데. 그 외에 세울 곳은 없습니까?

점원：여기에서 오른쪽으로 100미터 정도 가면, 시 주차장이 있어요. 한 시간에 300엔인데.

남　：돈 내는 것은 싫은데. 가게 앞에 세우면 안 돼요? 10분이면 나오니까요.

점원：그것은 좀 곤란하네요. 멀어도 괜찮으면 공원 안에도 있는데. 아, 지금 한 대 비었어요. 그럼 이쪽으로 들어오세요.

남　：고마워요, 다행이다!

남자는 차를 어디에 세웁니까?
1 옥상 주차장
2 시 주차장
3 가게 앞
4 공원 안의 주차장

정답 1 **문제유형** 과제이해

어휘 とめる 세우다 | 屋上 옥상 | 駐車場 주차장 | 空く 비다 | はらう 지불하다, 내다 | こまる 곤란하다

해설 처음 옥상 주차장에 주차를 할 수 없었던 이유는 「屋上の駐車場がいま、いっぱい(옥상 주차장이 지금 꽉 찼다)」라고 점원이 이야기해서 다른 곳을 추천 받았지만, 돈이 들어서 시 주차장은 싫고 가게 앞 곤란하다고 해서 불가능하고 마지막 공원은 너무 먼 상황이다. 이런 상황에 점원이 「あっ、いま１台空きましたね。(아, 지금 한 대 비었어요.)」라고 말하므로 정답은 원래 세우고 싶었던 옥상 주차장이 된다.

3ばん ▶ 04:30

<ruby>女<rt>おんな</rt></ruby>の<ruby>人<rt>ひと</rt></ruby>がコンビニの<ruby>店員<rt>てんいん</rt></ruby>と<ruby>話<rt>はな</rt></ruby>しています。<ruby>女<rt>おんな</rt></ruby>の<ruby>人<rt>ひと</rt></ruby>はコンビニで<ruby>何<rt>なに</rt></ruby>を<ruby>買<rt>か</rt></ruby>いましたか。

女　：あのう、<ruby>切手<rt>きって</rt></ruby>ありますか。
店員：<ruby>切手<rt>きって</rt></ruby>はないですね。<ruby>郵便局<rt>ゆうびんきょく</rt></ruby>に<ruby>行<rt>い</rt></ruby>かないと。
女　：<ruby>郵便局<rt>ゆうびんきょく</rt></ruby>はこの<ruby>近<rt>ちか</rt></ruby>くにありますか。
店員：ここから<ruby>右<rt>みぎ</rt></ruby>のほうに100mくらい<ruby>行<rt>い</rt></ruby>くと<ruby>左側<rt>ひだりがわ</rt></ruby>にありますよ。でも、5<ruby>時<rt>じ</rt></ruby>までだから、<ruby>今日<rt>きょう</rt></ruby>はもう<ruby>無理<rt>むり</rt></ruby>じゃないかな。
女　：そうですか。じゃあ ふうとうと ボールペンはありますか。
店員：はい、ありますよ。ノートが<ruby>置<rt>お</rt></ruby>いてあるところを<ruby>見<rt>み</rt></ruby>てください。でもふうとうは100<ruby>まい<rt>はい</rt></ruby>入っているものしかないですけど。
女　：そんなにたくさん<ruby>必要<rt>ひつよう</rt></ruby>ないな。
じゃ、ふうとうはやめよう。

<ruby>女<rt>おんな</rt></ruby>の<ruby>人<rt>ひと</rt></ruby>はコンビニで<ruby>何<rt>なに</rt></ruby>を<ruby>買<rt>か</rt></ruby>いましたか。

1

2

3

4

3번

여자가 편의점 점원과 이야기하고 있습니다. 여자는 편의점에서 무엇을 샀습니까?

여　：저, 우표 있어요?
점원：우표는 없습니다. 우체국에 가야 합니다.
여　：우체국은 이 근처에 있나요?
점원：여기에서 오른쪽으로 100미터 정도 가면 왼쪽에 있습니다. 하지만 5시까지니까 오늘은 이미 안되지 않을까요.
여　：그래요? 그럼 봉투랑 볼펜은 있어요?
점원：네, 있습니다. 노트가 놓여 있는 곳을 보세요. 하지만 봉투는 100장이 들어있는 것 밖에 없습니다만.
여　：그렇게 많이는 필요 없는데.
그럼 봉투는 그만두자.

여자는 편의점에서 무엇을 샀습니까?

정답 3　**문제유형** 과제이해

어휘 <ruby>切手<rt>きって</rt></ruby> 우표 | <ruby>郵便局<rt>ゆうびんきょく</rt></ruby> 우체국 | ふうとう 봉투 | <ruby>右<rt>みぎ</rt></ruby> 오른쪽 | <ruby>左側<rt>ひだりがわ</rt></ruby> 왼쪽, 좌측

해설 우선 여자는 우표를 사고 싶었지만 편의점에는 없었고 이어 봉투와 볼펜이 있냐는 질문에, 있지만 봉투는 100장짜리 밖에 없다고 한다. 여자는 「そんなにたくさん<ruby>必要<rt>ひつよう</rt></ruby>ないな。じゃ、ふうとうは やめよう。(그렇게 많이는 필요 없는데. 그럼 봉투는 그만두자.)」라며 결국 볼펜만 산다.

4ばん ▶ 05:47

レストランで昼ご飯を食べます。男の人は何をたのみましたか。

店の人：いらっしゃいませ。
男　　：お昼のメニューは何がありますか。
店の人：スパゲッティセットとステーキセット、カレーセットがございます。
男　　：カレーはきのう食べたから、スパゲティにします。
店の人：セットは野菜サラダか、たまごサラダ、飲み物はスープかコーヒーを選べますが…。
男　　：たまごはダメなんです。サラダは野菜、飲み物はコーヒーで。あ、コーヒーは食事の後でもってきてください。
店の人：かしこまりました。

男の人は何をたのみましたか。

1

2

3

4

4번

레스토랑에서 점심을 먹습니다. 남자는 무엇을 부탁했습니까?

점원　：어서 오세요.
남　　：점심 메뉴는 무엇이 있습니까?
점원　：스파게티 세트랑 스테이크 세트, 카레 세트가 있습니다.
남　　：카레는 어제 먹었으니까 스파게티로 하겠습니다.
점원　：세트는 채소 샐러드나 달걀 샐러드, 음료는 스프나 커피를 고를 수 있는데요.
남　　：달걀은 못 먹어요. 샐러드는 채소, 음료는 커피로. 아, 커피는 식사 후에 가져다 주세요.
점원　：알겠습니다.

남자는 무엇을 부탁했습니까?

정답 3 **문제유형** 과제이해

어휘 野菜 채소 | たまご 달걀 | 食事 식사

해설 남자가 하는 대사를 잘 들어보면 「スパゲッティにします(스파게티로 하겠습니다)」, 「たまごはダメ(달걀은 못 먹어)」, 「野菜(채소)」, 「コーヒー(커피)」가 키워드가 된다. 남자는 스파게티, 채소 샐러드, 커피를 선택하여 정답은 3번이 된다.

男の人と女の人が話しています。二人はどんな映画を何時から見ますか。

女：ねえ、今度の日曜に「幸せな二人」見に行かない？

男：ああ、あれ、もう見ちゃったよ。おもしろかったけど、2回はね。

女：じゃあ、アニメは？音楽がいいっていう「あなたの名前」とか。

男：あ、それ見たかったんだ。でも日曜は込むかな。

女：朝10時からと午後3時から。夜6時からもあるね。朝なら込まないかも。

男：朝は子どもが多いんじゃない？夜の回にして、そのあとでご飯食べようか。ぼくがごちそうするから。

女：いいね。それで決まり！

二人はどんな映画を何時から見ますか。
1 「幸せな二人」を 朝 10時から 見る。
2 「幸せな二人」を 夜 6時から 見る。
3 「あなたの名前は」を 朝 10時から 見る。
4 「あなたの名前は」を 夜 6時から 見る。

5번

남자와 여자가 이야기하고 있습니다. 두 사람은 어떤 영화를 몇 시부터 봅니까?

여 : 저기, 이번 일요일에 '행복한 두 사람' 보러 가지 않을래?

남 : 아, 그거, 벌써 봤어. 재미있었지만 두 번은 좀.

여 : 그럼 애니메이션은? 음악이 좋다고 하는 '당신의 이름은'이라든가.

남 : 아, 그거 보고 싶었어. 하지만 일요일은 붐비려나.

여 : 아침 10시부터랑 오후 3시부터. 저녁 6시부터도 있어. 아침이라면 붐비지 않을지도 몰라.

남 : 아침은 아이들이 많지 않아? 저녁 걸로 하고, 그 다음에 밥 먹을까? 내가 한턱낼 테니까.

여 : 좋아, 그것으로 결정!

두 사람은 어떤 영화를 몇 시부터 봅니까?
1 '행복한 두 사람'을 아침 10시부터 본다.
2 '행복한 두 사람'을 밤 6시부터 본다.
3 '당신의 이름은'을 아침 10시부터 본다.
4 '당신의 이름은'을 밤 6시부터 본다.

정답 4 **문제유형** 과제이해

어휘 今度 이번, 다음 | 幸せ 행복 | 込む 붐비다 | 朝 아침 | 夜 밤 | ごちそうする 한턱내다, 대접하다 | 決まり 결정

해설 이 문제는 영화 이름과 시간 두 가지를 신경 쓰며 들어야 한다. 우선 '행복한 두 사람'이라는 영화는 남자가 이미 봤고 「2回はね(2번은 좀)」이라는 부분에서 '행복한 두 사람'은 아니라는 걸 알 수 있다. 시간은 아침 10시, 오후 3시, 밤 6시 중 「夜の回にして、そのあとでご飯食べようか(저녁 걸로 하고 그 다음에 밥 먹을까?)」라고 했으므로 정답은 4번이다.

男の人と女の人が話しています。女の人はこれからどこに行きますか。

女：ねえ、これ、さっきスーパーの近くでひろったんだけど、どうしよう？

男：買い物にきたお客さんのかもしれないね。スーパーにもっていったら？

女：あの店、アルバイトが多いけどだいじょうぶかな。

男：じゃ、こうばんは？

女：こうばんは駅まで行かないといけないけど、そのほうが安心だね。

男：ぼくもいっしょに行ってあげるよ。

6번

남자와 여자가 이야기하고 있습니다. 여자는 이제부터 어디에 갑니까?

여 : 저기, 이거, 아까 슈퍼 근처에서 주웠는데, 어떻게 하지?

남 : 쇼핑하러 온 손님 것일지도 모르겠네. 슈퍼에 가지고 가는 게 어때?

여 : 그 가게, 아르바이트생이 많은데 괜찮을까?

남 : 그럼 파출소는?

여 : 파출소는 역까지 가야만 하지만 그 편이 안심되겠네.

남 : 나도 같이 가 줄게.

女の人はこれからどこに行きますか。

1 スーパー
2 店
3 交番
4 駅

여자는 이제부터 어디에 갑니까?

1 슈퍼
2 가게
3 파출소
4 역

정답 3　**문제유형** 과제이해

어휘 ひろう 줍다 | 買い物 쇼핑

해설 회화 흐름대로 지워 나가면 바로 풀리는 문제이다. 남자가 주운 지갑을 슈퍼로 가져가라고 제안했지만 여자는 아르바이트생이 많아서 불안하다고 한다. 남자가 파출소를 제안하자 여자는 역까지 가야되지만 그 편이 안심된다고 말했으므로 정답은 3번이 된다.

7ばん ▶ 09:04

ここはデパートです。お客さんはスーツ売り場まで、どうやって行きますか。

客　：あの、スーツ売り場はどこにありますか。
案内：はい。5階にございます。
客　：ネクタイも同じ階にありますかね。
案内：ネクタイは1階の特別コーナーにございます。
客　：5階に上がるエレベーターはどこですか。
案内：お客さま、たいへん申し訳ございませんが、今、エレベーターが故障で、あちらの階段の左にありますエスカレーターをご利用くださいませ。
客　：ああ、階段で行くのは無理ですからね。わかりました。ありがとう。

お客さんはスーツ売り場まで、どうやって行きますか。

7번

여기는 백화점입니다. 손님은 양복 매장까지 어떻게 갑니까?

손님 : 저기, 양복 매장은 어디에 있습니까?
안내 : 네, 5층에 있습니다.
손님 : 넥타이도 같은 매장에 있습니까?
안내 : 넥타이는 1층 특별 코너에 있습니다.
손님 : 5층으로 올라가는 엘리베이터는 어디에 있습니까?
안내 : 손님, 대단히 죄송하지만, 지금 엘리베이터가 고장이라, 저쪽 왼쪽 계단에 있는 에스컬레이터를 이용해 주십시오.
손님 : 계단으로 가는 것은 무리라서요. 알겠습니다. 고맙습니다.

손님은 양복 매장까지 어떻게 갑니까?

1

2

3

4

정답 1　**문제유형** 과제이해

어휘 売り場 매장 | 階 층 | たいへん 매우 | もうしわけありません 죄송합니다 | 故障 고장 | 階段 계단 | 利用 이용

해설 우선 남자가 양복 매장을 찾고 있다는 것을 잊어서는 안 된다. 처음에 넥타이가 몇 층에 있는지 물어보지만 함정에 빠지지 말자. 안내원이 양복 매장은 5층인데 지금 엘리베이터가 고장이라서 「エスカレーターをご利用くださいませ (에스컬레이터를 이용해 주세요)」라고 말한다. 정답은 1번이 된다.

男の人と女の人が話しています。男の人はチケットをいつ予約しますか。

男：ねえ、さっぽろの雪まつりっていつだっけ？
女：来年の2月じゃない？
男：じゃあ、今からチケットを予約すれば買えるね。
女：遅くても今年の12月までに予約すればだいじょうぶだと思うけど。
男：じゃあ、来週にでも予約してみるよ。きみもいっしょに行ける？
女：春休みだからいいけど、飛行機やホテルも予約した方がいいでしょ？
男：そうだね。それはチケットを予約してから調べてみるよ。

男の人はチケットをいつ予約しますか。
1　来年の　2月
2　今年の　12月
3　来週
4　飛行機を　予約する　とき

8번

남자와 여자가 이야기하고 있습니다. 남자는 티켓을 언제 예약합니까?

남 : 저기, 삿포로 눈 축제가 언제였지?
여 : 내년 2월 아니야?
남 : 그럼, 지금부터 티켓 예약을 하면 살 수 있겠네.
여 : 늦어도 올해 12월까지는 예약하면 괜찮을 것 같은데.
남 : 그럼, 다음 주에라도 예약해 볼게. 너도 같이 갈 수 있어?
여 : 봄방학이라 괜찮은데, 비행기랑 호텔도 예약하는 편이 좋겠지?
남 : 그렇네. 그건 티켓을 예약하고 나서 알아볼게.

남자는 티켓을 언제 예약합니까?
1　내년 2월
2　올해 12월
3　다음 주
4　비행기를 예약할 때

정답 3 **문제유형** 과제이해

어휘 雪まつり 눈 축제 | 予約 예약 | 遅い 늦다 | 飛行機 비행기 | 調べる 조사하다, 알아보다

해설 이 문제는 예약 시기를 맞추는 문제로 눈 축제 시기와 혼동해서는 안 된다. 내년 2월은 눈 축제 시기이고 늦어도 올해 12월까지 예약을 하면 된다. 남자가 「来週にでも予約してみる(다음 주에라도 예약해 볼게)」라고 말하므로 정답은 3번이 된다.

문제2

문제2에서는 먼저 질문을 들어 주세요. 그 다음 문제용지를 봐 주세요. 읽는 시간이 있습니다. 그리고 이야기를 듣고 문제 용지의 1에서 4 중에서 가장 적당한 것을 하나 고르세요.

れい ▶ 11:47

女の人と男の人が話しています。男の人はどうしてスポーツクラブに入ったのですか。

女：スポーツクラブ、入ったの？
男：うん。運動するの嫌いだったんだけど。
女：じゃ、どうして？ダイエット？
男：ちがうよ。家の近くにできたからなんだ。
女：そう。で、楽しい？
男：うん、やってみたら楽しいよ。

男の人はどうしてスポーツクラブに入ったのですか。
1　運動が　きらいだから
2　ダイエットしたいから
3　うちの近くに　スポーツクラブが　できたから
4　スポーツは　たのしいから

예

여자와 남자가 이야기하고 있습니다. 남자는 왜 스포츠 클럽에 들어간 것입니까?

여 : 스포츠 클럽 들어갔어?
남 : 응, 운동하는 것은 싫었지만.
여 : 그럼, 왜? 다이어트?
남 : 아니야. 집 근처에 생겼기 때문이야.
여 : 그래. 그래서 재미있어?
남 : 응. 해 보니 즐거워.

남자는 왜 스포츠 클럽에 들어간 것입니까?
1　운동을 싫어하기 때문에
2　다이어트를 하고 싶기 때문에
3　집 근처에 스포츠 클럽이 생겼기 때문에
4　스포츠는 즐겁기 때문에

いちばんいいものは３ばんです。解答用紙のもんだい２の例のところを見てください。一番いいものは３番ですから、こたえはこのように書きます。では、はじめます。

가장 적당한 것은 3번입니다. 해답 용지의 문제2의 예 부분을 보세요. 가장 적당한 것은3번 이므로 답은 이렇게 씁니다. 그럼 시작하겠습니다.

1ばん ▶ 13:06

男の人と女の人が話しています。女の人は卒業してからどうしますか。

女：卒業したらコンピューター会社に行くんだって？

男：うん。ホントは公務員になりたかったけど落ちちゃったから。きみはどうするつもり？

女：父が公務員だからわたしもちょっと考えたけど、おもしろくなさそうだから…。
いまは留学する準備をしてる。

男：それもいいね。外国で仕事をすることになるかもしれないし。

女：そこまでは考えてないけど…。

女の人は卒業してからどうしますか。
1　コンピューター会社に　行く。
2　公務員に　なる。
3　外国に　留学する。
4　外国で　仕事を　する。

1번

남자와 여자가 이야기하고 있습니다. 여자는 졸업하고 나서 어떻게 합니까?

여 : 졸업하면 컴퓨터 회사에 간다면서?

남 : 사실은 공무원이 되고 싶었는데 떨어져서. 너는 어떻게 할 생각이야?

여 : 아빠가 공무원이라서 나도 좀 생각했는데, 재미있지 않을 것 같아서…. 지금은 유학 준비를 하고 있어.

남 : 그것도 괜찮네. 외국에서 일하게 될지도 모르는 거고.

여 : 거기까지는 생각하지 않고 있는데….

여자는 졸업하고 나서 어떻게 합니까?
1　컴퓨터 회사에 간다.
2　공무원이 된다.
3　외국으로 유학을 간다.
4　외국에서 일을 한다.

[정답] 3　**[문제유형]** 포인트이해

[어휘] 卒業 졸업 | 公務員 공무원 | 落ちる 떨어지다 | 留学 유학 | 準備 준비

[해설] 이 문제는 여자가 졸업하고 나서 어떻게 할 것인지를 질문하는 문제이다. 남자와 혼동하지 않고 여자 대사에 집중하면서 듣자. 남자는 공무원이 되고 싶지만 떨어졌고 여자는 「いまは留学する準備をしてる.(지금은 유학 준비를 하고 있어)」라고 한다. 정답은 3번 유학을 간다 이다. 마지막 남자의 대사 중 '외국에서 일하게 될지도 모르고'라는 부분을 듣고 4번을 선택해서는 안 된다.

2ばん ▶ 14:29

女の人が友だちと電話で話をしています。電話番号がかわったのはどうしてですか。

友だち：もしもし、私だけど、電話番号かわった？

女　：あ、ごめん。言うの忘れてた。でもどうやって調べたの？

友だち：ユリに聞いたのよ。だけどどうしてかえたの？

女　：このごろ変な電話がかかってきたから。夜遅くかかってきたり。

友だち：そうか。こわいね。今はだいじょうぶ？

女　：うん、もうかかってこないよ。

2번

여자가 전화로 친구와 이야기를 하고 있습니다. 전화번호가 바뀐 것은 어째서입니까?

친구 : 여보세요, 난데, 전화번호 바뀌었어?

여자 : 아, 미안해. 말하는 걸 까먹었어. 그런데 어떻게 알았어?

친구 : 유리한테 들었어. 그런데 왜 바꿨어?

여자 : 요즘 이상한 전화가 걸려와서. 밤 늦게 걸려오기도 하고.

친구 : 그렇구나. 무섭다. 지금은 괜찮아?

여자 : 응, 이제 안 걸려와.

電話番号がかわったのはどうしてですか。

1　ケータイを　かえたから
2　電話番号を　忘れたから
3　友達から　電話が　かかって　くるから
4　変な　電話が　かかって　くるから

전화번호가 바뀐 것은 어째서입니까?

1　휴대 전화를 바꿨기 때문에
2　전화번호를 잊어버렸기 때문에
3　친구에게서 전화가 걸려오기 때문에
4　이상한 전화가 걸려오기 때문에

정답 4　**문제유형** 포인트이해

어휘 かわる 바뀌다 | 調べる 알아보다, 조사하다 | 変だ 이상하다 | 夜遅く 밤 늦게 | こわい 무섭다

해설 전화번호가 바뀐 이유는 「変な 電話がかかってきたから。夜遅くかかってきたり (이상한 전화가 걸려와서 밤 늦게 걸려오기도 하고)」라는 부분에서 확실히 알 수 있다. 정답은 4번이며 언뜻 보고 1번으로 체크 하지 않도록 하자. 휴대 전화를 바꿨다는 내용은 언급하지 않았다.

3ばん ▶ 15:49

空港に行くバスのアナウンスです。空港にいそぐ人はどうしますか。

女：「みなさまにご案内いたします。午前10時に出発予定の空港バスは、交通事故で道路が通れなくなったため、出発が遅れる予定です。お急ぎのところ大変申し訳ございませんが、もうしばらくお待ちください。バスが何時に出発できるか、案内放送でお知らせします。空港までお急ぎの方は、東京駅でバスのチケットを見せれば特急電車を無料でご利用できますので、係にお申しこみください。」

空港にいそぐ人はどうしますか。

1　しばらく　待つ。
2　ほかの　バスに　乗り換える。
3　特急電車の　チケットを　買う。
4　特急電車を　利用する。

3번

공항으로 가는 버스의 방송입니다. 공항으로 서두르는 사람은 어떻게 합니까?

여 : 여러분들께 안내 드립니다. 오전 10시에 출발 예정인 공항 버스는, 교통사고로 도로를 지나갈 수 없게 되었기 때문에, 출발이 늦어질 예정입니다. 급하신데 매우 죄송합니다만, 조금 더 기다려 주십시오. 버스가 몇 시에 출발할 수 있는지 안내방송으로 알려 드리겠습니다. 공항까지 서두르시는 분은, 도쿄역에서 버스 티켓을 보여주면 특급열차를 무료로 이용하실 수 있으므로, 담당자에게 신청해 주십시오.

공항으로 서두르는 사람은 어떻게 합니까?

1　잠시 기다린다.
2　다른 버스로 갈아탄다.
3　특급열차 티켓을 산다.
4　특급열차를 이용한다.

정답 4　**문제유형** 포인트이해

어휘 案内 안내 | 予定 예정 | 空港 공항 | 交通事故 교통사고 | 道路 도로 | 通る 지나가다 | 遅れる 늦다 | 急ぐ 서두르다 | 大変 매우 | 申し訳ございません 죄송합니다 | もうしばらく 조금 더 | 放送 방송 | お知らせする 알려 드리다 | 特急電車 특급열차 | 利用 이용 | 係 담당자 | 申しこむ 신청하다

해설 안내방송의 문제는 경어가 많이 나와서 다소 어렵게 느껴지지만 접속 등의 힌트를 얻어 너무 단어의 의미에 의지하기 보다는 분위기를 잘 파악해야 한다. 우선 질문이 서두르는 사람은 어떻게 하면 되는지 묻고 있으므로 앞부분의 상황 설명은 패스하자. 문제의 포인트인 「お急ぎの方(급하신 분)」은 「バスのチケットを見せれば特急電車を無料で利用できます(버스 티켓을 보여 주면 특급전철을 무료로 탈 수 있다)」고 했으므로 정답은 4번이다. 티켓은 무료이므로 3번과 혼동하지 말자.

4ばん ▶▶ 17:20

男の人が道に迷っています。男の人はどうやって道をさがしましたか。

男：あの、道がわからないんですが、この近くに交番はありますか。
女：この近くにはないけど、どこをお探しですか。
男：ええ、この住所に行きたいんですけど…。
女：ああ、みやこアパートなら近いですよ。あそこのコンビニの横を右に入って200mくらいですから。
男：あ、そうですか。ありがとうございます。助かりました。
女：もしわからなかったら、コンビニの人に聞いてみてください。

男の人はどうやって道をさがしましたか。
1 交番で　教えて　もらった。
2 友だちに　教えて　もらった。
3 道で　会った　人に　教えて　もらった。
4 コンビニの　人に　教えて　もらった。

4번

남자가 길을 헤매고 있습니다. 남자는 어떻게 길을 찾았습니까?

남 : 저기, 길을 잘 모르겠는데요, 이 근처에 파출소가 있습니까?
여 : 이 근처에는 없는데, 어디를 찾으세요?
남 : 네, 이 주소로 가고 싶은데요.
여 : 아, 미야코 아파트라면 가까워요. 저기 편의점 옆을 오른쪽으로 들어가서 200미터 정도거든요.
남 : 아, 그래요? 감사합니다. 도움이 많이 되었어요.
여 : 혹시 잘 모르겠으면 편의점에 있는 사람한테 물어보세요.

남자는 어떻게 길을 찾았습니까?
1 파출소에서 가르쳐 주었다.
2 친구가 가르쳐 주었다.
3 길에서 만난 사람이 가르쳐 주었다.
4 편의점 사람이 가르쳐 주었다.

정답 3　**문제유형** 포인트이해

어휘 道に迷う 길을 헤매다 | 探す 찾다 | 交番 파출소 | 住所 주소 | 横 옆 | 助かる 도움이 되다

해설 이 문제는 모르는 곳의 위치를 물어보는 것이 아니라 어떻게 찾아갔는지를 물어본다. 남자는 미야코 아파트를 못 찾아서 헤매고 있는 중에 길에서 만난 여자가 편의점 근처에 있다고 알려주고 모르겠으면 편의점에 들어가서 물어보라고 한다. 정답은 3번이며 선택지 4번 만약에 모르면 편의점 직원에게 물어보라는 것과 혼동해서는 안 된다.

5ばん ▶▶ 18:47

男の人と女の人が話しています。女の人は何の写真をとりますか。

男：あれ、カメラもってどこに行くの？
女：図書館の建物を新しくするっていうから、古い建物の写真をとっておこうと思って。
男：そういえば時計台も古そうだけど、どっちが古いかな。
女：東京駅と同じころだっていうから、図書館のほうが歴史が長いね。
男：東京駅は残っているのに、なくなっちゃうのはさびしいね。
女：だから写真だけでも残さなくちゃ。

女の人は何の写真をとりますか。
1 新しい　図書館
2 古い　図書館
3 時計台
4 東京駅

5번

남자와 여자가 이야기하고 있습니다. 여자는 무슨 사진을 찍습니까?

남 : 어? 카메라 가지고 어디 가?
여 : 도서관 건물을 새롭게 한다고 해서, 오래된 건물 사진을 찍어 두려고.
남 : 그리고 보니 시계탑도 오래된 것 같던데, 어디가 더 오래된 거지.
여 : 도쿄역하고 비슷하다고 하니까, 도서관이 더 오래되었네.
남 : 도쿄역은 남아 있는데, 없어져 버리는 건 허전하네.
여 : 그러니까 사진만이라도 남겨둬야지.

여자는 무슨 사진을 찍습니까?
1 새 도서관
2 오래된 도서관
3 시계탑
4 도쿄역

정답 2 문제유형 포인트이해

어휘 建物 건물 | 時計台 시계탑 | 歴史 역사 | 残る 남다 | なくなる 없어지다 | 残す 남기다

해설 여자는 도서관 건물이 새로워지기 전에 오래된 건물 즉 오래된 도서관 사진을 찍으러 간다고 했다. 시계탑과 도쿄역은 비교 대상일 뿐 사진을 찍으려 하는 것은 아니다.

6ばん ▶ 20:13

運転手さんと男の人が話しています。これから男の人はどうしますか。

男　　：あれ、ずいぶんこんでるな。運転手さん、中野駅までどのくらいかかりますか。

運転手：きのうから工事がはじまったんですよ。きょうは車が多いから、だいぶ時間がかかるかもしれませんね。今から他の道に行っても変わらないし…。

男　　：こまったな。この近くに地下鉄の駅はありませんか。

運転手：もう少し先に地下鉄の駅がありますよ。新宿まで行ってJRに乗りかえればいいですよ。

男　　：じゃ、そこでおろしてください。

これから男の人はどうしますか。
1　地下鉄の 駅まで タクシーで 行く。
2　新宿まで タクシーで 行く。
3　中野駅まで タクシーで 行く。
4　ここで 降りて 歩いて 行く。

6번

운전기사와 남자가 이야기하고 있습니다. 이제부터 남자는 어떻게 합니까?

남　：어? 상당히 막히네. 기사님, 나카노역까지 어느 정도 걸립니까?

기사：어제부터 공사가 시작되었어요. 오늘은 차들이 많으니까 꽤 시간이 많이 걸릴지도 모르겠어요. 지금부터 다른 길로 가도 별 차이도 없고….

남　：큰일났네. 이 근처에 지하철역은 없나요?

기사：조금 더 앞에 지하철역이 있어요. 신주쿠까지 가서 JR로 갈아타면 돼요.

남　：그럼 거기에서 내려주세요.

이제부터 남자는 어떻게 합니까?
1　지하철역까지 택시로 간다.
2　신주쿠까지 택시로 간다.
3　나카노역까지 택시로 간다.
4　여기에서 내려서 걸어서 간다.

정답 1 문제유형 포인트이해

어휘 運転手 기사, 운전기사 | ずいぶん 상당히 | こむ 붐비다 | 工事 공사 | だいぶ 꽤 | 変わる 변하다, 바뀌다 | こまる 곤란하다 | 乗りかえる 갈아타다 | おろす 내려 주다

해설 공사로 인해 길이 막히고 있는 상황이다. 남자는 「近くに地下鉄の駅はありませんか(지하철 역은 없나요?)」라고 물어보고 운전기사는 「もう少し先に地下鉄の駅がありますよ (조금 더 앞에 지하철역이 있어요)」라고 한다. 이에 남자는 「そこでおろしてください (거기에서 내려 주세요.)」라고 했으므로 정답은 1번이 된다. 선택지 2번을 정답으로 혼동해서는 안 된다. 남자의 목적지는 나카노 역이고 우선 택시를 타고 지하철역으로 간 후 신주쿠에서 JR로 갈아 타야 하므로 오답이다.

7ばん ▶ 21:42

男の人と女の人が話しています。男の人はこれから
どうやって単語をおぼえますか。

男：あー単語が多いな。きみは英語が上手だけど、
　　どうやっておぼえたの？
女：わたしは留学したんだけど、無理にはおぼえな
　　かったな。
男：じゃあ、本をたくさん読んだり、テレビを見たり？
女：それより人とたくさん話したのがよかったみた
　　い。あなたも外国人の先生とたくさん話してみ
　　たら？
男：ちょっと恥ずかしいけど、おもしろいかもしれ
　　ないね。
女：何を話すかよく準備してからすれば、だいじょ
　　うぶよ。

男の人はこれからどうやって単語をおぼえますか。
1　留学する。
2　英語の　本を　たくさん　読む。
3　外国人の　先生と　話をする。
4　宿題の　準備を　する。

7번

남자와 여자가 이야기하고 있습니다. 남자는 이제부터 어떻
게 단어를 외웁니까?

남 : 아, 단어 많다. 너는 영어를 잘하는데 어떻게 해서 외웠
　　어?
여 : 나는 유학을 했었는데 무리하게는 외우지 않았어.
남 : 그럼 책을 많이 보거나 TV를 많이 보거나 했어?
여 : 그것보다는 다른 사람과 많이 이야기했던 것이 좋았던
　　것 같아. 너도 외국인 선생님하고 많이 이야기해 보면 어
　　때?
남 : 좀 부끄럽지만 재미있을지도 모르겠다.
여 : 무엇을 이야기할지 잘 준비하고 나서 하면 괜찮아.

남자는 이제부터 어떻게 단어를 외웁니까?
1　유학을 한다.
2　영어책을 많이 읽는다.
3　외국인 선생님과 이야기를 한다.
4　숙제 준비를 한다.

정답　3　문제유형　포인트이해

어휘　単語 단어 | おぼえる 외우다, 기억하다 | 留学 유학 | 無理 무리 | 恥ずかしい 부끄럽다

해설　남자는 여자에게 단어 외우는 노하우를 물어본다. 남자가 책이나 TV를 많이 봤는지 물어보자 「それより人とたくさ
ん話した(그것보다는 사람들과 많이 이야기했다)」고 하면서 외국인 선생님과 많이 이야기해 보라고 권한다. 남자는
재미있을지도 모르겠다고 하므로 정답은 3번이 된다.

문제3

문제3에서는 그림을 보면서 질문을 들어 주세요. →(화살표)의 사람은 뭐라고 말합니까? 1에서 3중에서 가장 적당한 것
을 하나 고르세요.

れい ▶ 24:16

男：早く帰ることになりました。会社の人に何とい
　　いますか。
女：1　そろそろかえりましょうか。
　　2　おさきにしつれいします。
　　3　もうかえりますか。

예

남 : 일찍 귀가하게 되었습니다. 회사 사람에게 뭐라고 말합
　　니까?
여 : 1　이제 돌아갈까요?
　　2　먼저 실례하겠습니다.
　　3　벌써 가십니까?

一番<ruby>いちばん<rt></rt></ruby> いいものは 2ばんです。回答用事<ruby>かいとうようじ<rt></rt></ruby>の 問題<ruby>もんだい<rt></rt></ruby>3の 例<ruby>れい<rt></rt></ruby>の ところを 見<ruby>み<rt></rt></ruby>て ください。一番<ruby>いちばん<rt></rt></ruby> いいものは 3番<ruby>ばん<rt></rt></ruby>ですから、答<ruby>こた<rt></rt></ruby>えは このように 書<ruby>か<rt></rt></ruby>きます。では、はじめます。

가장 적당한 것은 2번입니다. 해답 용지의 문제3의 예 부분을 보세요. 가장 적당한 것은 3번이므로 답은 이렇게 씁니다. 그럼 시작하겠습니다.

1ばん ▶ 25:00

女：荷物<ruby>にもつ<rt></rt></ruby>が 重<ruby>おも<rt></rt></ruby>くてこまっている人<ruby>ひと<rt></rt></ruby>がいます。何<ruby>なん<rt></rt></ruby>と言<ruby>い<rt></rt></ruby>いますか。
男：1　手伝<ruby>てつだ<rt></rt></ruby>ってもらいますか。
　　2　手伝<ruby>てつだ<rt></rt></ruby>いましょうか。
　　3　手伝<ruby>てつだ<rt></rt></ruby>ってくれますか。

1번

여 : 짐이 무거워서 곤란해하는 사람이 있습니다. 뭐라고 말합니까?
남 : 1　도와주겠습니까
　　2　도와줄까요
　　3　도와주겠습니까

정답 2　**문제유형** 발화표현

어휘 荷物<ruby>にもつ<rt></rt></ruby> 짐 | 重<ruby>おも<rt></rt></ruby>い 무겁다 | 手伝<ruby>てつだ<rt></rt></ruby>う 거들다, 돕다

해설 선택지 1번은 「もらいますか→もらえますか」로 올바른 문장으로 바꿔도 의미는 '도와주겠습니까'의 3번과 같은 의미가 된다. 도와주는 입장과는 반대되는 대화라서 오답이며 정답은 「手伝いましょうか(도와줄까요?)」가 된다.

2ばん ▶ 25:35

男：会社<ruby>かいしゃ<rt></rt></ruby>の人<ruby>ひと<rt></rt></ruby>が外<ruby>そと<rt></rt></ruby>で仕事<ruby>しごと<rt></rt></ruby>をして帰<ruby>かえ<rt></rt></ruby>ってきました。何<ruby>なん<rt></rt></ruby>と言<ruby>い<rt></rt></ruby>いますか。
女：1　おつかれさま。
　　2　おまたせしました。
　　3　おじゃまします。

2번

남 : 회사 사람이 밖에서 일을 하고 돌아왔습니다. 뭐라고 합니까?
여 : 1　수고하셨습니다.
　　2　오래 기다리셨습니다.
　　3　실례합니다.

정답 1　**문제유형** 발화표현

어휘 会社<ruby>かいしゃ<rt></rt></ruby> 회사 | 外<ruby>そと<rt></rt></ruby> 밖 | 仕事<ruby>しごと<rt></rt></ruby> 일

해설 일을 하고 돌아왔으므로 수고했다는 1번이 정답이 된다. 선택지 2번의 경우 가게의 점원 등이 손님에게 자주 사용하는 말이고 3번은 다른 사람의 집을 방문할 때 사용하는 말이다.

3ばん ▶ 26:07

女：電話の声がよく聞こえません。何と言いますか。

男：1　すみません、もう少し静かにお願いします。
　　 2　すみません、もう一度聞いてください。
　　 3　すみません、ちょっと聞こえにくいんですが。

정답 3　**문제유형** 발화표현

어휘 声 목소리 | 静かだ 조용하다 | 聞こえる 들리다

해설 전화 목소리가 잘 들리지 않으므로 잘 들리지 않는다고 말한 3번이 정답이 된다.

3번

여 : 전화 목소리가 잘 들리지 않습니다. 뭐라고 말합니까?

남 : 1　죄송합니다, 좀 더 조용히 부탁합니다.
　　 2　죄송합니다, 한번 더 들어 주세요.
　　 3　죄송합니다, 잘 안 들리는데요.

4ばん ▶ 26:45

女：レストランに入ったら席がありません。何と言いますか。

男：1　この店は何がおいしいですか。
　　 2　どのくらい待てばいいですか。
　　 3　何時から始まりましたか。

정답 2　**문제유형** 발화표현

어휘 席 자리 | 始まる 시작되다

해설 자리가 없으므로 '어느 정도 기다리면 되는지'를 묻는 2번이 정답이 된다.

4번

여 : 레스토랑 안에 들어갔더니 자리가 없습니다. 뭐라고 말합니까?

남 : 1　이 가게는 무엇이 맛있습니까?
　　 2　어느 정도 기다리면 됩니까?
　　 3　몇 시부터 시작되었습니까?

5ばん ▶ 27:20

男：病院で男の人が携帯電話を使っています。何と言いますか。

女：1　すみません、携帯電話を使ってもいいですか。
　　 2　すみません、携帯電話を使わないでください。
　　 3　すみません、携帯電話を使わなければなりません。

5번

남 : 병원에서 남자가 휴대전화를 사용하고 있습니다. 뭐라고 합니까?

여 : 1　죄송합니다, 휴대전화를 사용해도 됩니까?
　　 2　죄송합니다, 휴대전화를 사용하지 말아 주세요.
　　 3　죄송합니다, 휴대전화를 사용하지 않으면 안 됩니다.

정답 2 **문제유형** 발화표현

해설 선택지 1번의 「～てもいいですか(～해도 됩니까?)」는 허가를 묻는 질문이고 2번 「～ないでください (～하지 말아 주세요)」는 금지의 문형, 선택지 3번의 「～なければなりません(～해야 한다)」은 의무를 나타내므로 정답은 2번이 된다.

문제4

문제4에서는 그림 등은 없습니다. 먼저 문장을 들어 주세요. 그리고 응답을 듣고 1에서 3 중에서 가장 적당한 것을 하나 골라 주세요. 그럼 연습합시다.

れい ▶ 28:29

女：お久しぶりですね。
男：1　ええ、きのうはありがとうございます。
　　2　ええ、すごいですね。
　　3　ええ、お元気でしたか。

一番 いいものは 3ばんです。回答用事の 問題4の 例のところを 見て ください。一番 いいものは 3番ですから、答えは このように 書きます。では、はじめます。

예

여 : 오랜만이네요.
남 : 1　네, 어제는 고마웠습니다.
　　2　네, 대단하군요.
　　3　네, 잘 지내셨어요?

가장 적당한 것은 3번입니다. 해답 용지의 문제 4의 예 부분을 보세요. 가장 적당한 것은 3번이므로 답은 이렇게 씁니다. 그럼 시작하겠습니다.

1ばん ▶ 29:06

女：仕事が忙しくて疲れた時はどうする？
男：1　うん、わかった、だいじょうぶ。
　　2　家でじゅうぶんに寝るよ。
　　3　かぜをひかないよう気をつけて。

1번

여 : 일이 바빠서 피곤할 때는 어떻게 해?
남 : 1　응, 알았어, 괜찮아.
　　2　집에서 충분히 자.
　　3　감기에 걸리지 않도록 조심해.

정답 2 **문제유형** 즉시응답

어휘 忙しい 바쁘다 | 疲れる 피곤하다 | じゅうぶんに 충분히 | 気をつける 조심하다

해설 피곤할 때는 충분히 쉰다고 자신의 방법을 알려 준 2번이 정답이 된다.

2ばん ▶ 29:39

男：あの、ここにすわってもいいですか。
女：1　いいえ、まだすわったことがありません。
　　2　ええ、さっきすわっていました。
　　3　ええ、どうぞおすわりください。

2번

남 : 저기, 여기에 앉아도 됩니까?
여 : 1　아니요, 아직 앉은 적이 없어요.
　　2　네, 아까 앉아 있었어요.
　　3　네, 어서 앉으세요.

정답 3 **문제유형** 즉시응답

어휘 すわる 앉다 | さっき 아까

해설 상대에게 해도 되냐고 허가를 구했으므로 그렇게 하라고 답한 3번이 정답이 된다.

3ばん ▶ 30:12

女：雨がふってきたけど、かさを持ってこなかった。
男：1　これ、使ってもいいよ。
　　2　明日、借りてあげるよ。
　　3　雨がふるから、かさを持ってきて。

3번

여 : 비가 오는데, 우산을 안 가지고 왔어.
남 : 1　이거 써도 돼.
　　2　내일 빌려줄게.
　　3　비가 오니까 우산 가지고 와.

정답 1 **문제유형** 즉시응답

어휘 かさ 우산 | 使う 사용하다 | 借りる 빌리다

해설 우산이 없다고 말하는 사람에게 써도 된다고 말한 1번이 정답이 된다. 선택지 2번의 경우「明日(내일)」빌려 준다고 했으므로 시제가 맞지 않는다.

4ばん ▶30:44

男：エアコンはどうやってつけるんですか。
女：1　メールを送ってください。
　　2　リモコンのボタンをおしてください。
　　3　ドアをしっかり閉めてください。

4번

남 : 에어컨은 어떻게 해서 켭니까?
여 : 1　메일을 보내 주세요.
　　2　리모컨 버튼을 눌러 주세요.
　　3　문을 꽉 닫아 주세요.

정답 2 **문제유형** 즉시응답

어휘 エアコン 에어컨 | 送る 보내다 | おす 누르다 | しっかり 꽉 | 閉める 닫다

해설 에어컨을 켜는 방법을 물었고 리모컨 버튼을 누르라는 해결책을 주는 2번이 정답이 된다. 메일과 문은 에어컨과는 관련이 없다.

5ばん ▶31:15

女：駅に着いたら電話して。
男：1　うん、着く前に電話したよ。
　　2　うん、今、電車の中で電話している。
　　3　うん、着いてすぐに電話するから。

5번

여 : 역에 도착하면 전화 해.
남 : 1　응, 도착하기 전에 전화했어.
　　2　응, 지금 열차 안에서 전화하고 있어.
　　3　응, 도착해서 바로 전화할 테니까.

정답 3 **문제유형** 즉시응답

해설 전화를 하라는 말에 1번은 이미 전화를 했다고 말하고 있다. 2번은 도착하고 전화를 한 것이 아니라 열차를 타고 전화를 하고 있다고 말한다. 따라서 도착해서 바로 전화하겠다고 대답한 3번이 정답이 된다.

6ばん ▶31:47

男：いつまでに申しこまなければなりませんか。
女：1　金曜日に申しこみました。
　　2　今年はまだ行っていません。
　　3　あさっての朝9時まで受付しています。

6번

남 : 언제까지 신청하지 않으면 안 됩니까?
여 : 1　금요일에 신청했습니다.
　　2　올해는 아직 안 갔어요.
　　3　모레 아침 9시까지 접수하고 있습니다.

정답 3 **문제유형** 즉시응답

어휘 申しこむ 신청하다 | あさって 모레 | 受付 접수(처)

해설 신청을 언제까지 해야 하냐는 물음에 1번은 이미 했다고 말한다. 9시까지 접수를 받고 있다고 한 3번이 정답이 된다. 「もう(이제, 벌써)」나 「まだ(아직)」은 자주 등장하는 어휘이므로 잘 기억해 두자.

7ばん ▶32:20

女：ごみをすてる日は決まっていますか。
男：1　いつも家の前にすてればいいです。
　　2　ごみ箱にはすてないでください。
　　3　毎週、火曜と木曜にすててください。

7번

여 : 쓰레기를 버리는 날은 정해져 있습니까?
남 : 1　항상 집 앞에 버리면 됩니다.
　　2　쓰레기통에는 버리지 마세요.
　　3　매주 화요일과 목요일에 버리세요.

정답 3   문제유형 즉시응답

어휘 ごみ 쓰레기 | すてる 버리다 | 決まる 정해지다

해설 쓰레기를 버리는 날짜가 정해졌냐고 물었으므로 날짜를 말한 3번이 정답이 된다.

8ばん ▶ 32:54

男 : お昼、何にしようか？
女 : 1 銀行の前で12時にしよう。
　　 2 何でもいいよ。
　　 3 部長もいっしょに行くらしい。

정답 2   문제유형 즉시응답

어휘 銀行 은행 | 何でも 무엇이든 | 部長 부장님

해설 점심 메뉴로 뭐가 좋은지 물었으므로 무엇이든 좋다고 말한 2번이 정답이 된다. 1번은 시각을 3번은 누구와 가는지에 대해서 답했으므로 오답이 된다.

8번

남 : 점심, 무엇으로 할까?
여 : 1 은행 앞에서 12시로 하자.
　　 2 뭐든 좋아.
　　 3 부장님도 함께 가는 것 같아.

|M|E|M|O|